Gil Gordon

Die Freizeit nehm ich mir!

Gil Gordon

Die Freizeit nehm ich mir!

Die Kunst, Handy und Laptop auch mal abzuschalten – und trotzdem erfolgreich zu bleiben

Aus dem Amerikanischen übersetzt
von Jürgen Schilling

REDLINE WIRTSCHAFT
bei verlag moderne industrie

Die Deutsche Bibliothek – CIP-Einheitsaufnahme

Gordon, Gil:
Die Freizeit nehm ich mir! : die Kunst, Handy und Laptop auch mal abzuschalten – und trotzdem erfolgreich zu bleiben / Gil Gordon. Aus dem Amerikan. übers. von Jürgen Schilling. – München : Redline Wirtschaft bei Verl. Moderne Industrie, 2002
   Einheitssacht.: Turn it off <dt.>
   ISBN 3-478-74240-4

Copyright © 2001 by Gil Gordon
Titel der amerikanischen Originalausgabe: „Turn It Off"
Aus dem Amerikanischen übersetzt von Jürgen Schilling.
Copyright © 2002 verlag moderne industrie, 80992 München
http://www.redline-wirtschaft.de

Umschlaggestaltung: Grafikhaus, München
Satz: Fotosatz Reinhard Amann, Aichstetten
Druck: Himmer, Augsburg
Bindearbeiten: Thomas, Augsburg
Printed in Germany 74240/030201
ISBN 3-478-74240-4

Inhaltsverzeichnis

Anmerkung

Um das Arbeiten mit diesem Buch für Sie möglichst einfach und effizient zu gestalten, haben wir wichtige Textpassagen mit folgenden Icons gekennzeichnet:

 Achtung, wichtig

 Beispiel

Aufgabe, Übung

Tipp

Das sollten Sie auf jeden Fall vermeiden!

Ihre Meinung ist uns wichtig!

Bei Anregungen, Fragen und Kritik erreichen Sie uns unter folgender Adresse:

REDLINE WIRTSCHAFT bei verlag moderne industrie
Lektorat
80992 München

oder im Internet unter: http://www.redline-wirtschaft.de

Danksagung

Die meisten Autoren beenden ihre Danksagung mit „und nicht zuletzt danke ich meinem Partner und meiner Familie." Das wäre für dieses Buch völlig unpassend, wie Ihnen beim Lesen schon bald auffallen wird. Meine Frau Ellen und unsere Kinder Lisa und Adam sind ganz wesentlich verantwortlich für dieses Buch, denn ohne sie hätte ich kaum Gründe, weniger zu arbeiten und mein Leben mehr zu genießen.

Außer meiner Familie möchte ich folgenden Menschen danken:

John Brennan, Bob Long, Janice Miholics, Susan Sweet und ganz besonders Paul Rupert, die alle einen letzten Entwurf des Buches gelesen und mir nicht nur gesagt haben, wo ich daneben lag, sondern auch, was nötig war, um es noch glaubwürdiger und attraktiver zu machen. Ich danke Euch für Eure kostbare Zeit und Kritik.

Nick Brealey, der mit dem unbestechlichen Auge des Verlegers das Manuskript durchlas, mir zeigte, was falsch war und vor allem, wie ich es besser machen konnte.

Liv Blumer von der Karpfinger Agentur, die nicht nur die bestmögliche Vertreterin war, die ich mir hätte wünschen können, sondern die mir auch Orientierung, Ermutigung und Kritik gab, und zwar so, dass ich mich immer wieder über den Kontakt gefreut habe.

Becky Cabaza von Three Rivers Press, die Lektorin, die auch den Produktionsprozess leitete und mir das Gefühl gab, sie sei genauso daran interessiert, das Buch in Druck zu sehen, wie ich selbst – ein perfektes Talent für den letzten Schliff.

Paul Edward, dessen langjährige Freundschaft und Korrespondenz mir eine Quelle der Inspiration und

Freude war und mit dem ich viele Ideen durchexerzieren konnte.

Paul Saffo, ein Mann, für den die Bezeichnung „Zukunftsforscher" und „Visionär" eine Untertreibung wäre, und der mir im Laufe vieler Jahre Dinge gesagt und mit mir getan hat, die mich zu diesem Buch inspiriert haben.

Dave Fleming, ein Kollege und perfekter Beweis gegen die Theorie, dass eine weite Entfernung einer engen und vertrauensvollen, professionellen Beziehung und persönlichen Freundschaft im Wege stünde.

Sue Shallenbarger, deren unglaublich klare und ausgeglichene Einsichten über Arbeit und Familie, die sie wöchentlich im *Wall Street Journal* publiziert, mich immer wieder inspirieren und intellektuell herausfordern.

Michael Fatali, der mir die Freuden der Landschaftsfotografie beibrachte und bereitwillig seine Zeit und Fähigkeiten mit mir teilte, so dass ich die Schönheit der Natur und die Natur der Schönheit entdeckte.

Richard Bird, Bill Bronkan, Al Kocourek, Tom Massey und Dan McGuire, mit denen ich mehrere Landschaftsfotografie-Reisen in den Südwesten unternommen habe. Sie haben mir geholfen, das Land zu genießen, haben meine Reiseplanung und meinen Kartenfetischismus toleriert und sind mir zu besonderen Freunden geworden, mit denen ich gerne „abschalte" und die Arbeit, mein Büro und alles Elektronische vergesse.

All diesen Menschen und zahllosen Kunden und Kollegen, deren Ideen und Bemerkungen mein Denken beeinflusst und geformt haben, bin ich unendlich dankbar.

Kapitel 1

Wie es zu unserer Abhängigkeit vom Büro kam

Niemand wacht eines Tages auf und sagt sich: „Ich brauche eigentlich keine Freizeit oder dienstfreie Wochenenden, ich kann meine SMS-Nachrichten auch beim Abendessen mit meiner Familie beantworten, und den Laptop nehme ich mit in den Urlaub." Unsere Arbeit schleicht sich vielmehr leise, still und heimlich in unsere Freizeit ein. Und wir unterstützen diesen Prozess ungewollt und verlängern den Arbeitstag und unsere Wochenarbeitszeit immer mehr.

Ein wesentliches Element der Büroarbeit bis in die achtziger Jahre (also vor der Springflut neuer Technologien) bestand

> Büroarbeit in den 80ern . . .

darin, dass sie vor allem an *einem* Ort stattfand: im Büro. Natürlich nahm man die Aktentasche mit nach Hause, der reisende Geschäftsmann arbeitete auch im Flugzeug und Hotel, und der Vertreter brachte seine Papiere auch schon mal im Auto auf den neuesten Stand. Aber in den Zeiten, als die Aktentasche noch das Haupttransportmittel für Büroarbeit war, konnte man nicht so viel Arbeit mitnehmen wie heute.

Mitarbeiter, die nach 17 Uhr noch Dinge erledigen mussten, blieben entsprechend länger im Büro, statt den Rest zu Hause nach dem Abendessen zu erledigen. Die Aktentasche war nicht groß genug für die benötigten Informationen aus der Ablage, und ein ganzer Satz Werkzeichnungen passte ebensowenig auf den Küchentisch wie die gesammelten Monatszahlen mehrerer Abteilungen. Sicherlich, ab und zu nahm man das eine oder andere mit nach Hause und las es am Abend oder Wochenende durch, entwarf ein Memo oder einen Bericht und rechnete ein Budget mit dem Taschenrechner durch – aus heutiger Sicht vorsintflutliche Tätigkeiten.

> ... und heute

Spulen wir den Film schnell bis Ende der neunziger Jahre vor, dann ist ganz klar, dass es heute kaum noch etwas gibt, was man nicht zu Hause oder unterwegs tun könnte. Die Verkaufsberichte und -zahlen der letzten vier Quartale? Man loggt sich nur bei der Firma ein und lädt sie runter. Schnell ein Memo an alle Mitarbeiter der Verkaufsabteilung? Entwurf auf dem Laptop erstellen und den Feinschliff auf den Mailserver des Unternehmens laden, und ein paar Sekunden später haben es alle Verkäufer per E-Mail. Auch wenn noch nicht jeder Aspekt aller Jobs so leicht zu transportieren ist, so reicht es doch bei den meisten dazu, zu einer wesentlich günstigeren Zeit nach Hause zu fahren, rechtzeitig zum Abendessen dort zu sein, um das restliche Tagespensum nach der kurzen gemeinsamen Freizeit mit der Familie zu erledigen.

> Schlechte Angewohnheiten

So weit, so gut – allerdings haben einige von uns, die Arbeit mit nach Hause nehmen, ein paar schlechte Angewohnheiten entwickelt. Die Ideen für die neue Marketingkampagne, die wir früher auf ein Blatt Papier gekritzelt hätten, um sie am nächsten Tag im Büro auszuarbeiten, arbeiten wir nun direkt auf dem Laptop aus, und zwar noch am selben Abend. Oder die Budgetplanung der Überseefiliale, die früher Wochen dauerte: Sie lässt sich dank weltweiter Faxverbindungen und E-Mail jetzt in ein paar Tagen realisieren, denn nun kann die Nachricht, die morgens aus Tokio versandt wird noch am gleichen Abend vom Finanzanalysten in New York – zu Hause – bearbeitet werden, und so weiter.

Vielleicht sagen Sie jetzt: „Na und? Geht es im heutigen Geschäftsleben nicht darum, die Dinge immer schneller zu erledigen? Ist es nicht *gut*, dass man mit die-

sen Instrumenten jede Menge Zeit sparen
kann?" Die Antwort lautet natürlich: Ja –
allerdings mit Abstrichen. Zweifelsfrei ist

> Notwendig
> oder möglich?

eine schnelle Antwort manchmal nicht nur besser, sondern lebensnotwendig. Das Problem ist aber, dass manche
Menschen nicht mehr unterscheiden können zwischen
der Notwendigkeit, bestimmte Aufgaben schneller zu erledigen und dem Wunsch, es schneller nur deshalb zu machen, weil es *möglich* ist – schließlich kann man ja um 11
Uhr abends noch eine E-Mail verschicken.

Es hat viele Vorteile, zu Hause zu arbeiten, statt im
Büro bis spät abends Überstunden zu machen, während
die Familie beim Abendessen auf Ihren leeren Stuhl star-
ren muss und Sie sich ein pappiges Sandwich zwischen die
Kiemen schieben. Es ist großartig, immer kompliziertere
Büroarbeit auch zu Hause erledigen zu können, aber es ist
nicht so entzückend, wenn man die Bürotür (buchstäblich
oder im übertragenen Sinne) nicht hinter sich schließen
kann und zu Hause in der Zeit arbeiten muss, die man eigentlich für sich und seine Familie reserviert hatte.

Weshalb ich dieses Buch geschrieben habe

Z.B Ich gebe gerne zu, dass ich genauso schuldig bin
wie andere und es keine richtige Trennung zwischen meiner Arbeit und meinem Privatleben
gab. Ein Beispiel: Ich erinnere mich noch gut an meine
„Telefonsprints" in den ersten zwei Jahren meiner Selbstständigkeit – ich arbeite seit 1982 als Berater von zu
Hause aus, nachdem ich fast zehn Jahre als Angestellter in
der Geschäftswelt mein Geld verdient hatte. Mein Büro
befindet sich unten in unserem Haus, und die Wohnräume
liegen im ersten Stock. Wenn wir oben zu Mittag aßen,
wollte ich den Anrufbeantworter nicht anschalten aus

Angst, ich könnte dadurch diesen einen Anruf verpassen, der mich reich und berühmt machen würde – oder mir zumindest einen Auftrag als Berater bringen würde. In dieser Zeit war jeder Anruf wichtig, denn mein Geschäft lief anfangs, gelinde gesagt, nicht besonders gut.

Ich saß also in der Küche und hörte das Telefon klingeln, ließ mein Sandwich mitten im Biss fallen und setzte mein Leben bei dem Sprint die Treppe hinunter aufs Spiel, um ja keinen potentiellen Kunden zu vergraulen. Ein Wunder, dass ich mir damals nicht alle Knochen gebrochen habe. Es dauerte ganze zwei Jahre, bevor mir klar wurde, dass ich mir den Luxus eines ununterbrochenen Mittagessens gönnen und einfach den Anrufbeantworter anschalten konnte.

Die Technik, die ich benutzte, wurde im Laufe der

| Verbreitete Probleme |

Jahre immer komplexer und umfassender, und nach einiger Zeit wurde mir klar, wie sehr meine Arbeit immer mehr meine Freizeit in Beschlag nahm und mir kostbare Zeit mit meiner Familie raubte. Ich war erstaunt, wie weit verbreitet diese Probleme waren und begann daher, mich Anfang der neunziger Jahre ernsthaft mit diesem Phänomen auseinander zu setzen. In meiner Beratungstätigkeit für Spitzenunternehmen, die Telekommunikationsprogramme und „Tele-Arbeit" einführten, wurde das besonders offensichtlich. Diese Erfahrungen und meine Beobachtungen der „Straßenkrieger", die man an ungewöhnlichen Orten zu ungewöhnlichen Zeiten arbeiten sehen kann, brachten mich dazu, dieses Buch zu schreiben.

Bei der Beratung von Unternehmen beobachtete ich u. a. folgende Zeichen und Symptome:

| Zeichen und Symptome |

● Mitarbeiter unter Dauerstress, die einem vorkamen, als sei ihnen die Luft ausgegangen, und das Tag für Tag und Woche für Woche. Wenn ich in solchen Firmen montagmorgens ein Meeting hatte, sahen fast alle so aus, als bräuchten sie unbedingt ein freies Wochenende.

● Ich bekam spät am Abend oder am Wochenende E-Mail und Voice-Mail – und manchmal sogar wenn ich wusste, dass mein Kunde gerade Urlaub hatte.

● Die Begeisterung, mit der die Leute anfangs ihre neuen Arbeitsmittel beschrieben (Laptops, Handys, E-Mail usw.), wich einer gewissen Resignation oder gar regelrechter Antipathie. Es hieß nicht mehr: „Das ist wirklich klasse! Sie hat mir das Budget per E-Mail geschickt, so dass ich es noch schnell zu Hause in Ordnung bringen konnte." Vielmehr tönte mir jetzt entgegen: „Ist das keine Frechheit?! Sie hat mir das Budget um 21 Uhr gemailt und erwartete, dass ich es sofort auf den neuesten Stand bringen und es ihr bis 7 Uhr am nächsten Morgen korrigiert und durchgestaltet zurücksenden würde!"

Abgesehen von diesen Beobachtungen waren die Reaktionen von Kollegen und Kunden, denen ich von dem Buchprojekt erzählte, der wichtigste Grund, weshalb ich es geschrieben habe. Wenn ich es erwähnte und fast noch bevor ich ihnen den Arbeitstitel sagte, nickten sie so, als würden sie das Problem ganz genau kennen. Viele sagten dann etwa: „Ich werde das Buch sofort nach Erscheinen lesen!" Oder: „Ich kenne ein paar Leute, die das unbedingt lesen sollten." Ich war auf eindeutiges Interesse gestoßen. Die Tatsache, dass so vielen Menschen das Problem nur allzu gut bekannt war und dass so viele Leute schier endlose Arbeitszeiten hatten, überzeugte mich, dass die Zeit für dieses Buch reif war.

Weiter unten werden wir uns mit drei Hintergrundfaktoren befassen, die gut ver- **Ihre Situation** anschaulichen, weshalb ich das Thema so schnell erkannt habe und weshalb Sie sich momentan so fühlen, wie Sie es tun. Das Buch möchte Ihnen dabei helfen, Ihre Situation genau einzuschätzen und zu entscheiden, *inwieweit* Sie dies ändern möchten – und dann werden wir einen Plan erstellen und uns anschauen, wie man ihn optimal durchführen kann.

Ich möchte hier nachdrücklich darauf hinweisen, dass meine eigenen Erfahrungen mich zu einem Lebensstil veranlasst haben, bei dem ich zwischen Arbeit und Freizeit sauber trenne – auch wenn mir das vielleicht nicht immer gelingt. Das ist für Sie eventuell nicht möglich oder erstrebenswert. Dennoch kann dieses Buch auch dann eine Quelle der Einsichten und Informationen sein – dabei ist ein erhobener Zeigefinger mir gänzlich fremd. Dennoch bin ich mir sicher, dass jeder Leser die Tipps und Methoden als hilfreich empfinden wird, sofern er etwas in dieser Hinsicht ändern *will*. Die Konzepte haben bei meinen Kunden in Unternehmen gut funktioniert und werden das auch in Ihrem Fall tun.

Ich weiß nicht genau, welcher Denkprozess jemanden, der sich bereits überarbeitet fühlt, dazu verleitet, noch mehr Arbeit dorthin mitzunehmen, wo er gewöhnlich seine Freizeit verbringt – aber es geschieht immer häufiger. Vielleicht ist es der Gedanke, dass die Arbeit, die man dort in einer Pause erledigt, später nicht mehr gemacht werden muss. Vielleicht ist es auch der unbewusste oder bewusste Wunsch, als jemand angesehen zu werden, der wichtig genug ist, dass ihm die Arbeit überall hin folgt.

| Erfülltes Leben? | Oder vielleicht ist es auch die neuzeitliche Art, ein so genanntes erfülltes Leben zu |

führen, in dem man seine Kapazität für Arbeit, Spiel, Unterhaltung und Familie immer weiter steigert. Die Technik ermöglicht uns, immer mehr zu tun und uns dabei zugleich immer besser abzulenken.

Wie unterschiedlich oder berechtigt die Gründe letztlich auch sind, wir werden zum echten „Multitasker"*.

---

* von „Multitasking" – ein Begriff aus der Computerwelt, der so viel bedeutet wie mehrere Aufgaben zeitgleich zu erledigen (Anm. des Übersetzers)

Statt uns auf den gegenwärtigen Moment zu konzentrieren und ihn in seiner Tiefe zu genießen, führen wir ein Leben auf der Überholspur und daher mit wenig Tiefgang. Das ist vielleicht für manche der richtige Lebensstil, aber ich vermute, dass es für die meisten nur eine Gewohnheit ist, für die sie sich nicht einmal bewusst entschieden haben.

Dem Trend nachspüren

Im Büro und bei der Arbeit, aber auch im Leben insgesamt, haben wir eine ganze Reihe Veränderungen erlebt, die man noch vor wenigen Jahren kaum hätte voraussehen können, und zwar weit über den technologischen Wandel hinaus. Viele Menschen fühlen sich bisweilen überwältigt durch die vielen neuen Technologien und die Geschwindigkeit, mit der man sich ihnen anpassen soll, noch ganz abgesehen von den vielen anderen Dinge, die man im Berufs- und Privatleben außerdem erledigen muss.

(Das ist einer der Gründe, weshalb die Bewegung zu größerer Einfachheit im Leben während der letzten paar Jahre so populär geworden ist. Viele Menschen sind überzeugt, sie hätten die Kontrolle über ihr Leben verloren und seien Gefangene eines Lebensstils, der ihnen aufgedrängt worden ist. Obwohl diese Bewegung ein wichtiges soziales Phänomen ist und etwas mit dem Thema dieses Buches zu tun hat, wollen wir uns hier doch auf unsere Art zu arbeiten konzentrieren und darauf, wie unser Berufs- und Privatleben miteinander verknüpft sind.)

Wir wollen uns jetzt die drei wichtigsten Faktoren ansehen, die dazu führen, dass | **Drei Faktoren** | Büroarbeit immer weiter in den privaten Bereich verlagert wird:

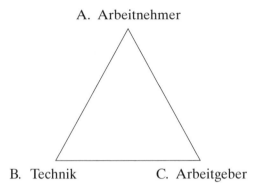

A. Arbeitnehmer

B. Technik   C. Arbeitgeber

Betrachtet man diese Faktoren einzeln, versteht man leichter, wie es zu dieser Situation gekommen ist und weshalb einfache Lösungen nicht reichen.

A. Arbeitnehmer:
Alles tun, alles wollen, alles haben

Die obere Ecke des Dreiecks stellt den Wandel der Werte, der Interessen und der Ziele von Arbeitnehmern dar. Wir verfügen heute über eine Technik, mit der wir fast überall und zu jeder Zeit arbeiten können, und viele Arbeitgeber scheinen davon auszugehen, dass wir dazu auch *bereit* sind – übrigens *wollen* viele von uns offensichtlich auch in der Lage sein, überall und jederzeit zu arbeiten.

| Defensive Überstunden |

Viele Arbeitnehmer machen „defensive Überstunden" und werden manchmal sogar zu echten Workaholics. Es mag dafür mehrere Gründe geben; ein relativ neuer dürfte die manchmal eher irrationale, aber sehr verständliche Reaktion auf die gespannte Lage am Arbeitsmarkt sein.

Wenn sich etwa herumspricht, dass ein Arbeitgeber Umstrukturierungen vornimmt oder den Betrieb reorganisiert, haben viele Arbeitnehmer die Befürchtung, dass sie dem zum Opfer fallen werden. Leistungsberichte, der

Applaus oder das Lob von Managern und Kollegen kann dabei die Wahrheit nicht verstellen, dass es bei einer Reorganisation jeden erwischen kann. Wenn es in den Nachrichten heißt, „es werden 4000 Mitarbeiter entlassen", heißt das nicht: „Die 4000 Mitarbeiter mit den schlechtesten Leistungen werden entlassen." Die seit Ende der achtziger Jahre bei Unternehmern immer populäreren Rationalisierungen hängen wie ein Damoklesschwert über dem Haupt vieler Arbeitnehmer – traurig aber wahr.

Was machen Arbeitnehmer, wenn sie befürchten, entlassen zu werden – manche, nachdem sie zehn oder mehr Jahre dort gearbeitet haben? Ganz egal, wie sehr ihr Vorgesetzter auch versucht, sie zu beruhigen: Sie werden ihre Aktivitäten steigern und alles tun, um deutlich zu zeigen, dass sie zu wertvoll sind, als dass man sie entlassen könnte. Manchmal bedeutet das, dass ein Arbeitnehmer seine Leistungen tatsächlich auf ein bedeutend höheres Niveau bringt, aber häufig ist es lediglich ein Haufen zusätzlicher (und natürlich deutlich sichtbarer) Arbeit und Aktivität. Es ist bedeutend besser, man sieht sie für das Unternehmen schwitzen, als für einen „schlechten Teamplayer" oder jemanden gehalten zu werden, der „scheinbar nicht das Nötige tut, um die Arbeit schnell genug zu erledigen."

> Überstunden aus Angst vor Entlassung

Und wo wird ein Großteil dieser Überstunden verrichtet? Natürlich zu Hause, am Abend, am Wochenende und bei Grippe sogar im Bett. Das könnte auch ein Grund sein, weshalb Leute, die Mitte der achtziger Jahre nicht im Traum daran gedacht hätten, ihre Ferien zu unterbrechen, um Kontakt mit dem Büro aufzunehmen, jetzt einen Beeper mitnehmen und vom Strandhotel aus gelegentlich den Anrufbeantworter abhören und die E-Mails abrufen – obwohl sie sich eigentlich von der *Arbeit* erholen wollten.

Vermischung von Berufs- und Privat- leben

Diese Vermischung von Berufs- und Privatleben ist die Folge vieler Anschläge auf unsere Freizeit und ein perfektes Beispiel dafür, dass wir selbst unser schlimmster Feind sind.

Wir wissen alle, wie man Verhalten fördert: Wenn wir für ein bestimmtes Verhalten belohnt (oder zumindest nicht bestraft) werden, neigen wir dazu, es zu wiederholen; werden wir hingegen bestraft (oder zumindest nicht belohnt), dann tun wir es eher nicht mehr. Das funktioniert bei Mäusen im Labor, bei Kindern, die ihr künstlerisches Talent an den Wänden im Wohnzimmer ausprobieren – und es funktioniert bei Managern, die ihre Mitarbeiter am Sonntagmorgen zu Hause anrufen.

✏ *Die Störung am Sonntagnachmittag*

Was geschah das letzte Mal, als Ihr Vorgesetzter oder ein wichtiger Kunde Sie in Ihrer Freizeit oder am Sonntagnachmittag zu Hause angerufen hat?

A. Das passiert nie.
B. Ich benutze immer einen Anrufbeantworter oder meine Voice-Mail, damit ich weiß, wer mich anruft, bevor ich abhebe. Auf diese Weise vermeide ich unerwünschte Anrufe.
C. Ich haben den Anruf entgegengenommen und 20 Minuten mit meinem Vorgesetzten geredet – und musste mich die ganze Zeit im Zaum halten.
D. Ich drehte den Ton des Fernsehers auf, so dass es klang, als hätte ich Freunde zu Besuch und schaute mit ihnen Fußball; mein Vorgesetzter fühlte sich schuldig und hielt es kurz.
E. Ich nahm den Anruf entgegen, und als ich hörte, was mein Vorgesetzter wollte, zeigte ich ihm meine Verär-

gerung und machte ihm klar, was ich von der Störung hielt.

F. Ich nahm den Anruf entgegen, hörte mir an, was mein Vorgesetzter wollte, gab ihm eine kurze, aber vollständige Antwort und sagte ihm dann, dass ich es vorziehen würde, wenn er mich in Zukunft wegen solcher Angelegenheiten erst am Montag kontaktieren würde.

Falls Sie mit A geantwortet haben, gehören Sie entweder zu den Glücklichen, die noch nie solch ein Problem hatten, oder Sie haben mit Ihrem Vorgesetzten oder Ihren Kunden bereits eine alternative Lösung gefunden. Falls Sie mit B, C oder D wie geantwortet haben, gehen Sie diesem Thema aus dem Weg – wodurch es allerdings nicht verschwinden wird. Sofern sie mit E geantwortet haben, haben sie die Störung zwar beendet, aber Ihrer Karriere damit sicherlich keinen Dienst erwiesen.

Haben Sie hingegen mit F geantwortet, dann können Sie sich auf die Schulter klopfen. Sie haben Ihrem Vorgesetzten die Antwort gegeben, die er brauchte und ihm dabei klargemacht, dass Sie die Störung nicht schätzen und das Ganze am liebsten lösen, wenn Sie wieder im Büro sind. Das ist zwar nicht leicht, aber es ist die einzige Art und Weise, wie Sie ihm klarmachen können, wie sehr Sie Ihre Freizeit schätzen.

Jedes Mal, wenn Ihr Vorgesetzter, ein Kunde oder Kollege Sie am Sonntagmorgen anruft oder Sie um 11 Uhr abends per

> **Treffen Sie Entscheidungen!**

Beeper daran erinnert, Ihre E-Mails abzuholen oder Ihnen gar im Urlaub einen kleinen Auftrag in die Mailbox schickt, müssen Sie eine Entscheidung treffen. Falls Sie (was vielleicht verständlich ist) auf diese Bitten reagieren, bekräftigen Sie automatisch das Verhalten dieser

Person und ihren Versuch, ein wenig Ihrer Freizeit in Arbeitszeit zu verwandeln. Wahrscheinlich ist es demjenigen durchaus bewusst, dass er Ihnen Freizeit stiehlt, und vielleicht hat er sogar ein wenig gezögert, bevor er es machte. Wenn Sie ihn jedoch nicht darauf hinweisen, dass Sie sich gestört fühlen, sagt der Betreffende sich möglicherweise: „Ich habe ihn offensichtlich nicht gestört" oder: „Er hat, als er das letzte Mal Ferien hatte, auf meine E-Mail geantwortet und mir die Zahlen geschickt, die ich brauchte." Das Resultat? Das nächste Mal wird der Betreffende wohl nicht mehr zögern, wenn er Sie am Wochenende oder in den Ferien kontaktiert.

In Kapitel 6 werden wir uns detailliert damit befassen, wie man diese Dinge mit Vorgesetzten, Kunden und anderen Personen bespricht – aber im Moment reicht das Gesagte, um aufzuzeigen, welche Rolle ungewollte Bekräftigungen in solchen Angelegenheiten spielen. Das ist kein Vorschlag, den Beeper zu ignorieren, den Hörer mit einem Fluch aufzulegen oder die E-Mail zu löschen – das wäre das Ende jeder Karriere. Und wenn wir mal annehmen, dass diese Bitten und Störungen teilweise berechtigt oder sehr dringend sind, kann nur ein Narr glauben, er könne seine Freizeit heilig sprechen, ohne dass dies seinem Arbeitgeber Probleme machen würde.

| **Selbst verursachte Probleme** | Im Moment ist es wichtiger zu verstehen, dass und wie wir einige dieser Probleme – zwar unbewusst, aber dennoch – selbst verursachen. Einige Leser haben vielleicht |

nichts gegen E-Mail oder Anrufe am Wochenende oder Abend, andere hingegen halten sie für ziemlich deplatziert. Später werden wir untersuchen, wie man Technik, mit der man überall erreichbar ist, für sich nutzen kann, ohne dass sie einem das Leben zur Hölle macht.

Die Untergrenze von Arbeitnehmern

Vielleicht haben wir uns den Lebensstil, der die Grenzen zwischen Berufs- und Privatleben verwischt, selbst zugelegt. Aber auch wenn das stimmt, beeinflussen noch ganz andere Faktoren, was der Einzelne im Zusammenhang mit dem Wandel der Arbeitswelt und Technologie erlebt. Sie brauchen sich also nicht schuldig zu fühlen, wenn man Sie dabei erwischt, wie sie am Wochenende Ihre E-Mail auf dem Balkon durchgehen.

So mag es zwar verführerisch sein, die Schuld bei „den Anderen" zu suchen – *sie* drücken mir immer mehr Arbeit auf, *sie* bringen Stecker neben Flugzeugsitzen und im ICE an, so dass die Laptop-Batterie keine Grenze mehr für meine Arbeitsfähigkeit ist, und so weiter – aber wir selbst sind Teil des Problems. Und deshalb können wir auch etwas ändern, zumindest für den Teil, für den wir selbst verantwortlich sind – und genau dabei kann dieses Buch Ihnen helfen.

B. Technik: kleiner, schneller, billiger, besser

Wir sind aus der technologischen Steinzeit in einigen wenigen Jahren in unsere heutige Situation katapultiert worden. Wir wollen uns die Geschwindigkeit dieses Prozesses anhand der Erfahrungen von drei verschiedenen Gruppen Studenten ansehen, die sicherlich zu den freudigsten Konsumenten neuer Hard- und Software gehören. Sehen wir uns ein typisches Technikprofil dieser drei Gruppen (die jeweils nur 5 Jahre auseinander liegen) am Anfang des neuen Jahrtausends an:

1. *1982 geborene Studenten,* die im Jahr 2000 erstmals die Hochschule besuchen, können sich nicht mehr an Zeiten erinnern, als es noch keine Videorecorder, Computer, tragbare Telefone (und vielleicht Handys) und Anrufbe-

> Drei Gruppen
> von Studenten

antworter (oder Voice-Mail) und jederzeit Zugriff auf irgendein Online-Angebot gab.

Vielleicht können sie sich noch daran erinnern, mal Musik von Kassetten gehört zu haben, und nicht nur vom CD-Player oder als MP3. Aber heute verlassen sie sich ganz aufs Internet und nutzen es sowohl für die Hausaufgaben als auch zur Unterhaltung – ganz abgesehen von der Zeit, die sie in irgendeinem Chat-Room oder beim SMSen mit Freunden verbringen.

2. *1977 geborene ehemalige Studenten,* die nach der Hochschule im Jahr 2000 ihren ersten Beruf ergriffen, hatten auch schon viele der genannten Technologien zur Hand; sie haben ihre Recherchen zwar in der Bibliothek gemacht, aber nie einen Fuß hinein gesetzt, haben ihre Aufgaben über das Netz der Schule erledigt und bei Vorlesungen ihre Notizen häufig auf dem Laptop gemacht statt in ein Notizbuch.

Sie sind wahrscheinlich mit einer Kassettensammlung zur Hochschule gekommen, haben sie aber mit CDs und runtergeladenen Dateien verlassen. Sie haben erlebt, wie das Internet langsam, aber sicher anfing, den Alltag an der Hochschule zu bestimmen und haben es wie selbstverständlich in ihr Leben integriert.

3. *1972 geborene ehemalige Studenten,* die im Jahr 2000 etwa fünf Jahre im Berufsleben standen, hatten während ihrer Hochschulzeit wahrscheinlich noch nicht so viel mit Technik zu tun, aber ganz sicher im Büro. Möglicherweise haben sie sich früher noch Schallplatten angehört, aber sie könnten heute kaum noch einen Plattenspieler finden, um sie abzuspielen.

In den fünf Jahren als Arbeitnehmer hatten sie höchstwahrscheinlich drei Computer-Generationen auf ihrem Schreibtisch, von denen jeder bedeutend vielseitiger war als der vorige, und sie benutzen heute wahrscheinlich einen Laptop mit Dockingstation, den sie zu Hause und im Büro verwenden. Die meisten von ihnen haben Beeper, persönliche digitale Assistenten (PDAs) und Handys. Sie verbringen wahrscheinlich genauso viel Zeit im Intranet des Unternehmens wie im Internet und haben mehrere E-Mail-Adressen, weil sie so verhindern können, dass ihr Arbeitgeber ihre elektronische Post mitliest.

Wir könnten die Analyse der technologischen Entwicklungen anhand solcher Schritte von 5 Jahren weiterführen, aber es liegt auf der Hand: Die Kinder und Teenager heute stecken tief in der Welt der Technik, so tief, dass ihre Eltern es gar nicht vermeiden können, sich auch auf die eine oder andere Weise „vernetzen" zu lassen.

Die Verkaufszahlen von Geräten, die die Arbeit mobil machen, sind in den letzten Jahren stark gestiegen und werden auch weiterhin exponentielle Steigerungsraten aufweisen, und die drahtlose Telekommunikation wird immer schneller und breitbandiger werden. Das hat aus zwei Gründen Folgen für den ortsunabhängigen Arbeitsplatz:

1. *Eine schier unersättliche Nachfrage nach Bandbreite.* Was einst als langsam galt,

> Bandbreite

ist jetzt unerträglich, was noch vor kurzem schnell war, gilt heute als langsam, und was gegenwärtig superschnell ist (zum Beispiel DSL-Verbindungen oder Kabelmodems), ist zwar wünschenswert, aber immer noch nicht überall erhältlich. Die Entwicklung dieser Hochgeschwindigkeitsverbindungen wird zwar rasant fortschreiten, aber es wird sicherlich schon bald etwas noch Schnelleres geben.
Das Thema Bandbreite ist besonders dann relevant, wenn wir an Orte außerhalb des traditionellen Büros denken. Der Hochgeschwindigkeitszugriff aufs Internet oder Intranet in der Firma wird heute zwar als etwas Selbstverständliches betrachtet, aber ein Zugriff

mit vergleichbaren Durchsatzraten im Hotel oder zu Hause ist heute eher die Ausnahme.

Aber die Geschwindigkeitslücke zwischen Büro und außerhalb schließt sich schnell, und sowie sie geschlossen ist, sind immer mehr Menschen in der Lage – und sicherlich auch in der Versuchung – noch mehr Arbeit außerhalb des Büros zu verrichten. Das große Spreadsheet oder aber die riesige Grafik, die sie früher sicherlich erst im Büro auf Ihren Laptop überspielt hätten, lässt sich schon bald genauso schnell zu Hause runterladen – sofern sie ein Kabelmodem, eine DSL-Verbindung oder einen anderen breitbandigen Anschluss haben.

Geschwin-digkeit

2. *Kabelverbindung oder schnurlos: Tragbarkeit + Geschwindigkeit = Freiheit.*
Handys sind prima, außer man befindet sich gerade in einem Sendeloch. Die Geräte sind so klein, dass man sie nicht noch kleiner machen kann, ohne Fingeranspitzer mitzuliefern. Es dürfte schwer sein, eine andere neue Technologie zu finden, die so schnell so weite Verbreitung gefunden hat, so häufig verwendet wird und den Aktionsradius des Berufslebens so sehr erweitert hat wie das Handy.

Verbindet man allerdings den Laptop mittels Karte mit seinem Handy und kontaktiert das lokale Netz seiner Firma oder ihren Internet-Provider, dann ist man wieder zurück in der Steinzeit. Die Geschwindigkeit übertrifft kaum die von Standard-Modems, wobei auch eventuelle Mitbenutzer und die Senderdeckung eine Rolle spielen.

Angesichts der zunehmenden Verbreitung der DSL-Verbindungen und Kabelmodems haben viele Tele-Arbeiter zu Hause oder im Business-Center des Flughafens oder im Hotelzimmer bedeutend höhere Geschwindigkeiten.

Sicherlich, man kann mit dem Handy-Laptop am Flughafen sitzen und seine E-Mails lesen oder eine Datei hochladen, aber bei 28,8 kB macht das keinem Spaß. Die Menschen lieben Bandbreite wie guten Wein: Haben sie ihn erst einmal gekostet, ist es schwer, wieder zu einem weniger guten zurückzukehren.

Aber auch diese technologische Grenze wird schon bald durchbrochen werden wie alle anderen zuvor. Allerdings kommt der mobile Arbeitnehmer auch ohne diese Fortschritte mit seiner Handy-Verbindung noch ganz gut zurecht – ganz zu schweigen von den WAP-fähigen Geräten, die einem jetzt schon eine begrenzte Internet-Verbindung ermöglichen.

Die Rolle des Handys: Einsichten seines Erfinders

Das Handy spielt sicherlich die Hauptrolle im Arsenal mobiler Arbeitnehmer. Obwohl wir alle die hochgerüsteten Handys von heute schätzen, sollten wir nicht vergessen, dass wir (aus der Sicht der modernen Technologie zumindest) bereits eine sehr lange Geschichte mit tragbaren Telefonen hinter uns haben. 1973 machte Martin Cooper, der damals für Motorola arbeitete, seinen ersten Anruf mit einem riesigen tragbaren Telefon auf einer Straße in Manhattan.

Ich bat Cooper, sich an die Anfangszeit zu erinnern und etwas zu dem Wandel seither zu sagen. „Das überrascht Sie vielleicht, aber ich habe tragbare Telefone immer als etwas gesehen, das wir zwar mit uns herumtragen würden, aber nicht als etwas, das man im Beruf oder im Auto nutzt. Und so wurden sie anfangs auch gebraucht, so dass ich nicht erstaunt war, dass wir in den ersten fünf Jahren auch fast nur solche Geräte verkauften. Heute kann man nicht mal mehr ein Autotelefon kaufen, so wie wir sie uns damals vorgestellt haben."

Nutzung und Missbrauch der Technik

Cooper hat auch ein paar ausgeprägte Ideen über die Nutzung und den Missbrauch moderner Technik – und sagt etwas, das dem Thema dieses Buches sehr nah liegt: „Wir haben die Technologie nicht mehr unter Kontrolle, sondern sie uns. Es gibt keinen Grund, weshalb wir einen Anruf auf dem Handy entgegen nehmen müssen, nur weil wir das können – wir müssen nur daran denken, es abzustellen. Aber wir haben ja bereits in der Vergangenheit gesehen, dass gesellschaftliche Veränderungen sehr viel länger brauchen als technologischer Wandel."

Die technische Untergrenze

Es irritiert einen vielleicht, wenn der Genuss eines Kinofilms gerade von einem klingelnden Handy oder das Schläfchen im Zug durch die Geräusche vom Laptop des Sitznachbarn unterbrochen wurde, aber ansonsten sind die meisten Leute ein Fan moderner Bürotechik – und ich gehöre dazu.

Verwischte Grenzen

Allerdings haben wir, indem wir uns im Büro aus dem Kabelsalat und von riesigen Computern befreit haben, die Grenze schon fast verwischt, die früher zwischen Berufs- und Privatleben bestand. Vertreter, Ingenieure, Berater und viele andere, die von Berufs wegen schon immer viel unterwegs waren, konnten Ihre Verwaltungsarbeiten schon immer außerhalb der Büros machen, aber erst der technische Fortschritt der achtziger und neunziger Jahre hat dies auch anderen Arbeitnehmern ermöglicht.

Hoteling, flexibles Büro

Dieser Trend hat schon dazu geführt, dass Arbeitgeber weltweit über die Notwendigkeit (und den Preis) von Büroräumen nachdenken. Die Tage, in denen die Zahl der Mitarbeiter in direktem Verhältnis zu den Quadratmetern an Bürofläche stand, verschwinden schnell, weil Arbeitgeber immer häufiger Kosten senkende Raumplanungskonzepte benutzen, beispielsweise das so genannte Hoteling oder das flexible Büro (in dem mobile Arbeitnehmer nur dann an einem Schreibtisch sitzen, wenn das unbedingt notwendig ist, und zwar an dem, der gerade frei ist; sie haben also einen, aber keinen *eigenen* Schreibtisch mehr). „Gib den Mitarbeitern einen Laptop, ein Handy und einen Beeper, und lass sie dort arbeiten, wo sie gerade sind", ertönt der Schlachtruf moderner Arbeitgeber. Leider fügen Sie dem nicht die bittere Wahrheit hinzu: „… und zwar zu jedem gewünschten Zeitpunkt, also fast immer."

C. Arbeitgeber: Downsizing, Squeezing, Globalisierung, höhere Geschwindigkeit

In den neunziger Jahren entdeckten die Arbeitgeber in den Vereinigten Staaten und vielen anderen Ländern der Welt die Vor- und Nachteile des so genannten Downsizing und Rightsizing. Tausende und abertausende Arbeitnehmer wurden entlassen – nicht nur in den Staaten. Diese Entlassungen berücksichtigen natürlich nicht das Wachstum neuer Arbeitsstellen, sondern nur die Anzahl derer, denen man mitgeteilt hat, dass man sie nicht mehr braucht.

Ich habe keinen Zweifel daran, dass dieses Downsizing zum Großteil notwendig war, und in manchen Fällen sicherlich überfällig. Ich denke jedoch, dass viele Arbeitgeber bis heute dabei zwei fundamentale Fehler machen:

- Talent geht – Mittelmäßigkeit bleibt. Die Firmen haben viele Leute verloren, die sie eigentlich hätten behalten sollen, und ließen den Leuten den Job, die ihn besser verloren hätten. Einige der besten Arbeitnehmer ließen sich nur allzu gern abfinden und machten sich aus dem Staub. Leute aber, die das Risiko scheu-

> Talent geht – Mittelmaß bleibt.

ten und befürchteten, ihre Fähigkeiten seien auf dem freien Markt nicht viel wert, sind geblieben. Somit sind sehr gute Leute, die die meisten Arbeitgeber in den harten Jahren der letzten Dekade gut hätten brauchen können, auf und davon und ließen die loyalen, aber weniger leistungsstarken Mitarbeiter zurück, die mit dem ganzen Kram irgendwie klarkommen mussten.

> **Leute gehen – die Arbeit bleibt.**

Die Leute gingen, die Arbeit blieb. Die wenigsten Arbeitgeber haben begriffen, dass es beim Downsizing nicht nur um Entlassungen geht, sondern auch darum, die Menge der anfallenden Aufgaben zu evaluieren und vielleicht in gleichem Maß zusammenzustreichen. Das ist die wahre Bedeutung des Begriffs „Reorganisation", der aber leider zu einem Wort verkommen ist, das nichts mehr mit der notwendigen Reform der Methoden und Verfahren zu tun hat, die mit jedem Downsizing hätte einhergehen sollen.

Sicher waren viele Unternehmen Anfang der Neunziger in Folge der vorangegangenen Jahrzehnte, in denen der Wettbewerbsdruck nicht so groß war und die Analytiker der Börse nicht so genau hinschauten, ein wenig aufgebläht. Aber wenn Leute entlassen wurden und die Aufgaben dieselben blieben und auf die gleiche Art und Weise erledigt werden mussten, dann führte das zum teils aberwitzigen Versuch, weniger Leuten mehr Arbeit aufzuhalsen. Wenn sechs die Arbeit machen müssen, die zuvor von zehn erledigt wurde und man zugleich von ihnen erwartet, dies mit dem gleichen Budget oder einer mindestens gleich hohen Leistung zu tun, dann kann das auf Dauer nicht gut gehen. Auch wenn die Arbeitnehmer zuvor vielleicht ein wenig großzügig eingestellt wurden, heißt das noch lange nicht, dass alle Leute herumsaßen und 35 Stunden die Woche nur Däumchen drehten.

Zusätzlich zu dem hohen Druck, „mehr mit weniger" zu tun, kam der Trend zur Globa-lisierung und fegte durch die Unterneh-

> Mehr mit weniger

men. Es war, als würden Aufsichtsratsvorsitzende aus einem tiefen Schlaf erwachen und bemerken, dass sie ihre Wettbewerber und Kunden nicht nur in der gleichen Stadt oder im gleichen Land finden konnten, sondern in der ganzen Welt. In dem Maß, in dem diese Konkurrenten weniger Kosten hatten – und das war häufig der Fall, weil die Arbeitskosten gering waren – hatten Unternehmen in den Vereinigten Staaten und Europa einen weiteren Grund, die Budgets zu senken und Leute zu entlassen.

Was den Hochdruckkessel der Wirtschaft noch mehr unter Dampf setzte, war die zunehmende Konkurrenz, die entstand, da alles immer schneller hergestellt werden musste. Produkte mussten immer schneller entwickelt und Aufträge immer schneller erledigt werden. Arbeitge-ber rechtfertigten diesen Druck häufig mit dem Hinweis, dass sie Anfang der neunziger Jahre riesige Investitionen in IT-Technik getätigt hatten. Die neuen Computer und Unternehmensnetze sollten die Produktivität und Ge-winne steigern und es den Unternehmen tatsächlich *er-möglichen,* „mehr mit weniger" zu erreichen.

Das stimmt zwar auch, aber etwas anderes wurde unter diesem Technikargument begraben: Man konnte die zu-sätzliche Produktivität und Gewinne *erst* realisieren, wenn man zusätzlich tüchtig in das Training und die Sys-temintegration investierte, so dass alles gut funktionierte. Dieses Ziel war sehr viel schwieriger zu erreichen, weil Menschen nun mal Schwierigkeiten haben, ausgetretene Pfade zu verlassen.

Wer versucht, eine Stadt zu erneuern, in-dem er die ausgetretenen Pfade schwarz anstreicht statt bessere Wege zu finden, der

> Ausgetretene Pfade

darf sich nicht wundern, wenn aus der Modernisierung nichts wird. Und genauso war es eine riesige Geldverschwendung, Tausende Computer zu kaufen und viele Kilometer Kabel zu verlegen, es sei denn, man erneuerte auch die Systeme und Verfahrensweisen der Unternehmen, die automatisiert werden sollten. Anders gesagt: Man hätte neue Straßen und Wege anlegen müssen, statt die ausgetretenen Pfade mit Chips zuzupflastern. Aber leider war das anscheinend irgendwie irrelevant. Die Erwartung lautete, dass mehr Technik höhere Geschwindigkeit und einen größeren Output pro Arbeitnehmer bringen würde – als aber diese Erwartungen nicht erfüllt wurden, übte man Druck auf die Arbeitnehmer aus, länger zu arbeiten.

Verrückterweise geschah das sogar dort, wo die Technik hielt, was sie versprach. Schauen wir uns einmal den Fall einer verbreiteten Präsentation-Software an, beispielsweise PowerPoint von Microsoft. Früher verwendete ein Grafiker sehr komplexe Software oder fertigte die einzelnen Bilder sogar von Hand an. Mit PowerPoint und ähnlicher Software kann sich heute hingegen fast jeder an einen Computer setzen und ohne viel Training oder Übung eine Präsentation, eine Diashow, einen Flyer oder Folien produzieren, die sehr professionell wirken.

Auf der einen Seite hat diese Software also die Produktivität gesteigert; man brauchte jetzt nur noch ein paar Stunden für etwas, wozu früher mehrere Tage nötig gewesen wären, und das Resultat war genauso gut, wenn nicht gar besser. Aber das war erst der Anfang. Als den Leuten klar wurde, wie einfach man diese Programme benutzen konnte, wurden sie immer häufiger eingesetzt. So zögert heute kein Manager mehr, einen Analysten zu bitten, eine Dia-Präsentation mit PowerPoint auf seinem Computer zu erstellen. Das Ziel des Analysten war, durch die Nutzung von Software Zeit zu *sparen,* aber das Resultat war wahrscheinlich, dass er sich *mehr* Zeit für Präsentationen nehmen musste und daher weniger Zeit für andere Aspekte seines Berufes hatte.

Die Untergrenze des Arbeitgebers

Diese drei Kräfte – Downsizing, Globalisierung und erhöhte Geschwindigkeit – änderten das Arbeitsumfeld dahingehend, dass man, wo man früher seine Aufgaben mehr oder weniger bequem erledigen konnte, nun dauernd unter Druck steht und das Gefühl hat, man hätte nie Zeit, um mal richtig durchzuatmen.

Ich will hier nicht sagen, dass Arbeitgeber diese Kräfte hätten ignorieren sollen; wer das getan hat, stand bereits am Rand des Abgrunds. Ob es uns gefällt oder nicht, die Geschwindigkeit und der Druck in Organisationen haben im letzten Jahrzehnt zugenommen, und in den letzten Jahren ganz besonders. Wir sehen auch heute noch Tag für Tag die Folgen dieses Wandels im Zeitplan der meisten Büromitarbeiter.

Was kommt als Nächstes – und ist es tatsächlich irgendwo anders besser?

Sie haben jetzt einen umfassenden Hintergrund, weshalb so viele Leute an so vielen Orten so hart und lange arbeiten. Ich habe die drei wesentlichen Faktoren als Dreieck dargestellt, weil sie nicht voneinander zu trennen sind; man kann keinen Faktor ändern, ohne zumindest einen der beiden anderen zu beeinflussen. Daher befassen wir uns immer wieder mit allen dreien, wenn wir die Methoden untersuchen, mit denen wir neue Grenzen in unserem Leben ziehen können.

Vielleicht meinen Sie jetzt, diese Probleme seien am besten dadurch zu lösen, dass man sich aus ihrem Griff befreit, statt

> Schlechte
> Nachrichten

an einem Plan zu arbeiten, mit dem man seine jetzige Situation verbessern kann. Das dürfte besonders dann der Fall sein, wenn Sie sich als Arbeitnehmer oder Selbstständiger in einer Situation befinden, die Ihnen kontinuierlich Druck macht, Sie also mit kurzen Fristen und immer mehr Arbeit konfrontiert. Falls Sie aber glauben, dass es anderswo besser und es daher an der Zeit sei, Ihren Lebenslauf auf den neuesten Stand zu bringen und eine Arbeitsstelle zu suchen, wo sie nicht 23 Stunden täglich verfügbar sein müssen: dann habe ich leider schlechte Nachrichten für Sie. Es ist tatsächlich überall so – wenigstens im Ansatz.

| Stress- maschinen |

Sicherlich, manche Arbeitgeber stehen unter größerem Druck als andere, weil sie mit unterschiedlichen Kunden, Wettbewerbern und Technologien zu tun haben, schneller oder weniger schnell wachsen und so weiter. Aber in den meisten Fällen werden Sie entdecken, dass die drei Grundfaktoren, die wir hier besprechen, allgemein gültiger und weiter verbreitet sind, als Sie es vielleicht für möglich gehalten hatten. Viele Arbeitgeber oder Kunden sind die reinsten Stressmaschinen – aber es gibt dennoch mehr stressfreie Plätze, als Sie wahrscheinlich glauben.

| Erforschen Sie Ihre Situation! |

Bevor Sie das einfach hinnehmen, können Sie auch erforschen, wie typisch oder untypisch Ihre Situation ist: *Sehen* Sie sich um und *fragen* Sie andere. Wenn Sie das nächste Mal auf Geschäftsreisen sind und jemand im Flugzeug oder in der Lounge arbeiten sehen, dann fragen Sie den Betreffenden doch, wie er seine Arbeitszeit einteilt. Reden Sie mit Freunden und Nachbarn über ihre Arbeit. Sehen Sie auf Ihrem Weg von oder zur Arbeit nach, wie voll die Parkplätze bei anderen Büros sind. Wahrscheinlich werden Sie entdecken, dass Ihre Arbeitsumstände sich nicht sehr von denen anderer unterscheiden.

Wenn das der Fall ist, dann kann eine Änderung Ihrer Situation Ihnen *mehr* statt weniger Stress machen. Wenn man neu eingestellt ist, steht man stark unter dem Druck, gute Leistungen zu bringen und das Management zu überzeugen, dass man die richtige Wahl war. Wenn Sie hingegen schon länger bei Ihrem gegenwärtigen Arbeitgeber beschäftigt sind, haben Sie größeren Einfluss auf den alltäglichen Stress und das Ausmaß Ihrer Aufgaben.

Es kann gut sein, dass es das Beste wäre, eine neue Arbeitsstelle zu suchen – aber wenn Sie das tun, sollten Sie sich erst davon

> Neue Arbeit
> suchen?

überzeugen, dass Sie es aus dem richtigen Grund und zum richtigen Zeitpunkt tun. Es ist wahrscheinlich unrealistisch zu erwarten, dass man weniger schwere Aufgaben bekäme oder kürzere Zeit arbeiten könnte, wenn man das gleiche Einkommen beibehalten will. Wenn Sie Ihren gegenwärtigen Job in jeder Hinsicht mögen, bis auf die vielen Überstunden und schwindenden Grenzen zwischen Berufs- und Privatleben, dann folgen Sie doch dem Rat dieses Buches und versuchen Sie erst, Ihre gegenwärtige Situation zu verbessern. Wenn die Probleme dann weiterhin andauern, ist es wahrscheinlich an der Zeit, sich nach etwas Besserem umzuschauen.

Neue Probleme mit alten Wurzeln

Wir haben das letzte Jahrzehnt (und Jahrhundert und Jahrtausend) mit der Empfindung beendet, dass alles schneller geht, dass man uns in viele Richtungen gleichzeitig zerrt und dass es nie genügend Zeit gibt für die Dinge, die wir tun möchten. Wir haben uns damit befasst, wie die Faktoren Technik, Arbeitgeber und Arbeitnehmer zusammenwirken und diesen Druck erzeugt haben. In vielerlei Hinsicht sind diese Kräfte anscheinend das Produkt der letzten Hälfte der neunziger Jahre.

Auch wenn die Geschwindigkeit des Wandels in den letzten paar Jahren zugenommen hat, so hat zumindest ein Beobachter dieser Situation darauf hingewiesen, dass dieser Wandel ältere Wurzeln hat. Hier ein paar nachdenklich stimmende Auszüge aus einem Kommentar in der New York Times vom 31. Dezember 1989 mit dem simplen Titel „Schneller" und dem Untertitel: „Die achtziger Jahre: als die Information immer schneller lief".

| Wie fing es an? | Vor nicht allzu langer Zeit konnte sich der Bürger darauf verlassen, dass sein Brief innerhalb von vier Tagen überall im ganzen Land zugestellt worden war; schickte man ihn per Luftpost, dauerte es sogar nur zwei Tage. Und es war in Ordnung, sich ein oder zwei Tage zu nehmen, um ihn sorgfältig und passend zu beantworten. Ein paar Tage später erhielt man seine Antwort … Sorgfältig verfasste Briefe sind heute allerdings so etwas wie mittelalterliche Handschriften: man schickt sie höchstens noch zu festlichen Anlässen. Das Telefon ist schneller.

Und es wird immer schneller. Zum einen gibt es doppelt so viel Telefone wie vor 20 Jahren. Außerdem wird es immer schwieriger, einem Anruf aus dem Weg zu gehen, das Telefon verfolgt einen sogar bis ins Badezimmer. Die meisten Geräte sind schnurlos. Und im Zeitalter des Handys findet man sie fast überall – nicht zuletzt im Familienauto.

Auch das gedruckte Wort bewegt sich bedeutend schneller. 1970 war das Fax noch ein erstaunlicher Apparat. Heute transportieren 6 Millionen davon in wenigen Augenblicken Dokumente von Kontinent zu Kontinent. Und das Modem ist noch schneller. Die Computerbranche, die die gesamte Industrie revolutioniert hat, wird ihrerseits durch den Personal Computer verwandelt, der auch dem gewöhnlichen Sterblichen die Macht verleiht, Berichte und Grafiken zu verfassen und sie blitzschnell in die gesamte Welt zu schicken.

Diese staunenden Worte, mit denen die *Times* die achtziger Jahre beschrieb, wirken heute total veraltet. Jemanden über die Wunder des Handys oder Faxgeräts reden zu hören klingt fast schon lächerlich in einer Zeit, in der digitale Videokameras in die Brusttasche und Faxgeräte auf einen Chip passen und das Fernsehen über Satellit kommt.

Sie wissen, mit welcher Geschwindigkeit die Technik – und unsere Erwartungen als Benutzer – sich in den neunziger Jahren | Was kommt als Nächstes? |

entwickelt haben, und Sie können sich daher wahrscheinlich vorstellen, was das erste Jahrzehnt des neuen Jahrtausends für uns noch in petto hat. Oder vielleicht sind wir alle schon derart überwältigt von der Flut technischer Entwicklungen, dass wir uns einfach nicht mehr vorstellen können, was als Nächstes kommt. Wenn die *Times* ihren Kommentar für den 31. Dezember 1999 aktualisieren würde, könnte der Titel lauten: „Noch viel schneller." Und genau aus diesem Grund ist es an der Zeit, einmal tief durchzuatmen und ein wenig Abstand zu nehmen.

Maschinensturm?! Keineswegs!

Auch wenn Sie vielleicht manchmal das Bedürfnis haben, den Beeper wegzuwerfen oder „aus Versehen" ein Glas Wasser über den Laptop zu kippen, werden Sie diese Geräte – und die Arbeit, die Sie damit verrichten – nicht mehr so leicht los.

Wir wollen mit diesem Buch keine Revolution gegen tragbare Technik ausrufen. Vielmehr will es Sie beim Umgang mit dieser Technik unterstützen, indem es dazu beiträgt:

- die Rolle zu *verstehen*, die mobile Bürotechnik in Ihrem Leben spielt, und festzustellen, inwiefern sie Ihnen hilft und wobei sie Sie behindert;

- zu **entscheiden**, wie und wo Sie die Grenze ziehen sollten zwischen dem Teil Ihres Lebens, den Sie dem ortsunabhängigen Büro widmen wollen und dem Teil, den Sie für sich selbst reservieren möchten;
- einen Plan zu **entwickeln,** wie Sie diese Technik wieder in den Griff bekommen und wie Sie diesen Plan und seine Konsequenzen mit Ihren Kunden, Vorgesetzten und Kollegen besprechen können – und zwar so, dass Sie sich ihrer Unterstützung sicher sein können.

Ich kann Ihnen nicht versprechen, dass Sie schon bald eine 40- statt einer 60- oder 70-Stunden-Woche haben werden; könnte sein, dass es nie mehr so weit kommt. Es scheint, als könnten wir dieser Welt nicht mehr entrinnen, in der wir immer mehr mit immer weniger machen müssen, und zwar immer schneller. Aber das bedeutet noch lange nicht, dass die durchgehende Arbeitszeit, die die heutige Technik ermöglicht, langfristig wirklich gut ist für Ihre Kunden, Klienten oder Arbeitgeber.

Damit auch Sie effektiv mit diesen Anforderungen umgehen können, werden wir uns mit folgenden Themen befassen:

Überblick

Eine Selbsteinschätzung (Kapitel 2 und 3): wie wichtig es in *Ihrem* Fall ist, abzuschalten – und wie Sie eine Lösung finden.

Das Drei-Zonen-Modell (Kapitel 4): wie man seine Arbeitswoche anders betrachten kann, indem man die 168 Stunden einer Woche in drei Zonen einteilt, die man so variieren kann, dass man eine optimale „Dienstzeit" realisiert.

Einen Plan entwickeln (Kapitel 5): wie man das Drei-Zonen-Modell für die bewusste Entscheidung nutzen kann, von wann bis wann man für seine Arbeit da sein will, und wann man seine Freizeit ohne Unterbrechung wahrnimmt – und wann man sowohl für das eine als auch für das andere offen ist.

Den Plan kommunizieren (Kapitel 6): wie man seinem Vorgesetzten, seinen Kunden oder Kollegen optimal (und sicher) klarmacht, dass man die eigene Verfügbarkeit neu strukturieren möchte – ohne seinen Job oder seine Beziehungen aufs Spiel zu setzen.

Die Rolle des Managers (Kapitel 7): wie man diese Prinzipien als Vorgesetzter anwenden kann, damit die eigenen Mitarbeiter sowohl gute Leistungen bringen als auch genügend Freizeit haben.

Die Zukunft (Kapitel 8): wie sich dieses Phänomen von orts- und zeitunabhängiger Arbeit – und unsere Fähigkeit, damit umzugehen – wahrscheinlich in nächster Zukunft entwickelt, weshalb das für alle Arbeitgeber wesentliche Folgen haben wird und wie wahrscheinlich es ist, dass *Sie* noch „abschalten" können.

Was tun, wenn alles nicht klappt (Kapitel 9): was Sie tun können, wenn Sie scheinbar nicht in der Lage sind „abzuschalten", ganz egal, was Sie tun – und wie Sie inmitten Ihrer Laptops, Handys, Kabel und Verbindungen ein Mindestmaß an geistiger Gesundheit aufrechterhalten können.

Ob Sie selbstständig sind oder Unternehmer, ein „Straßen-Krieger", ein Arbeitnehmer, der abends Arbeit mit nach Hause

> Schlüssel zum
> Gleichgewicht

nimmt, ein Tele-Arbeiter oder jemand, der diese Menschen führt oder mit ihnen arbeitet: Dieses Buch ist Ihr Schlüssel zu einem guten Gleichgewicht zwischen all dem, was Sie tun müssen um Geld zu verdienen und dem, was Sie gerne in Ihrer Freizeit tun würden.

Kapitel 2

Wie man herausfindet, ob man schon zu weit gegangen ist

Welchen Einfluss hat das orts- und zeitunabhängige Arbeiten auf Ihr Leben? Für viele ist es vielleicht nicht mehr realistisch, zu einer 35- oder 40-Stunden-Woche zurückzukehren, aber es ist durchaus wünschenswert, den eigenen Arbeitszeiten Grenzen zu setzen. Und was noch wichtiger ist: wir müssen unbedingt die Orte eingrenzen, an denen wir außerhalb des Büros arbeiten.

Am Ende dieses Kapitels werden Sie die eigenen Arbeitsgewohnheiten besser kennen gelernt haben. Wir wollen damit anfangen, indem wir einige Quellen unserer Arbeitsbelastung unter die Lupe nehmen.

> Die eigenen Angewohnheiten kennen lernen

Mit dieser Analyse können Sie das Ausmaß der Grenzüberschreitungen in Ihrem Fall genau ermessen. In diesem ganzen Buch werde ich Ihnen diese und andere Entscheidungen überlassen, statt die „beste" Lösung vorzugeben.

Wie häufig ist „häufig?" Wie schnell ist „schnell?"

Wir halten es sicherlich alle für eine gute Arbeitsgewohnheit, die Voice-Mails und E-Mails häufig abzurufen – und die dortigen Nachrichten schnell zu bearbeiten und zu beantworten. Aber „häufig" und „schnell" sind relative Begriffe: Sie hören Ihren Anrufbeantworter vielleicht jede halbe Stunde ab, während ich das nur alle zwei Stunden tue, aber wir haben beide das Gefühl, es „oft genug" zu tun. Sie beantworten die Nachrichten vielleicht sofort, und ich warte schon mal ein paar Stunden (außer es ist eindeutig dringend) – und wiederum haben wir beide das Gefühl, es „schnell genug" zu tun.

Wir verstehen die unterschiedlichen Interpretationen der einfachen Worte „oft" und „schnell" und ihre Rolle bei den Grenzüberschreitungen in unserem Arbeitsleben besser, wenn wir uns mit nachfolgenden Fragen befassen. Analysieren Sie diese Fragen nicht allzu sehr – machen Sie sich keine Gedanken über die unterschiedlichen Zeitzonen, ob Sie an einem äußerst wichtigen Projekt arbeiten, oder ob Ihr Vorgesetzter Probleme mit einem Kollegen hat usw. Fassen Sie einfach die allgemeine Situation ins Auge; es gibt sicherlich immer Ausnahmen, mit denen wir uns aber im Moment nicht befassen wollen.

Es geht im Moment auch nicht darum, wie Sie sich dabei *fühlen*, eine bestimmte Frist für die Beantwortung dieser Nachrichten zu haben. Wir möchten nur herausarbeiten, was für Sie normal ist, *unabhängig* davon, ob es Ihnen gefällt, Nachrichten zu empfangen und darauf antworten zu müssen.

- Wenn jemand, mit dem Sie eng und häufig zusammenarbeiten, Ihnen am Dienstag um etwa 18 Uhr eine E-Mail oder Voice-Mail schickt, bis wann (Tag und Stunde) sollten Sie Ihrer Meinung nach darauf antworten?
- Wenn jemand, mit dem Sie eng und häufig zusammenarbeiten, Ihnen am *Freitag* um etwa 18 Uhr eine E-Mail oder Voice-Mail schickt, bis wann (Tag und Stunde) sollten Sie Ihrer Meinung nach darauf antworten?
- Was wäre, wenn Sie diese Nachricht am Dienstag um 20 Uhr bekämen? Oder am Freitag um 20 Uhr? Oder – und das macht es vielleicht interessanter –

> was, wenn Ihnen diese Nachricht am Sonntagmorgen um 8 Uhr geschickt würde; bis wann (Tag und Stunde) sollten Sie Ihrer Meinung nach unter *diesen* Umständen darauf antworten?

Ihre Antworten auf diese Fragen zeigen eindringlich, in welchem Maß Sie Ihre Grenzen erweitert haben – ohne das womöglich zu wollen. Je kürzer der Zeitraum zwischen dem Eingang der Nachricht und der Antwort, desto größer ist der Druck, den dieser Aspekt der Arbeit auf einen ausübt. Und wenn es keinen Unterschied ausmacht, wann man diese Nachricht empfängt – während der Arbeitszeit, am Abend oder am Wochenende – dann hat man wahrscheinlich das Gefühl, diesen elektronischen Anforderungen niemals entrinnen zu können.

Was die Zeit zwischen Anfrage und Antwort verkürzt hat

Die „Reaktionszeit" begann sich höchstwahrscheinlich in jener Zeit zu verkürzen, als zwei Dinge, die wir heute für selbstverständlich halten, in den meisten Büros eingeführt wurden: Kurierdienste und Faxgeräte. In beiden Fällen profitierten die ersten Nutzer davon, als es noch ganz neu war: „Sagenhaft! Ich habe gerade ein Päckchen mit dem Kurier bekommen! Das ist bestimmt *sehr* wichtig! Ich muss alles stehen und liegen lassen und es sofort aufmachen!" Gleichermaßen erlaubten Faxgeräte uns, Memos oder Berichte in ein paar Sekunden oder Minuten zu verschicken. Pakete kamen per Kurier viel schneller an als je zuvor, aber ein Fax erreichte den Empfänger fast zeitgleich.

Übermittlungs-
weise versus
Resultat

Wie gut diese neuen Geschäftsinstrumente auch waren, sie führten leicht zur

Konfusion von *Übermittlungsweise* und dem gewünschten *Resultat*. Nur weil er seinen Bericht quer über den Kontinent schicken konnte und dieser am nächsten Morgen da war – oder weil er ein Fax in wenigen Augenblicken quer über den Globus schicken konnte –, erwartete der Absender offenbar, dass der Empfänger alles fallen ließ und genauso schnell darauf reagierte.

Die Geschwindigkeit der Übermittlung wurde irrtümlich mit einer ebenso schnellen Reaktion verwechselt. Wenn ich Ihnen beispielsweise um 3 Uhr ein Fax schickte und Sie eine Viertelstunde später noch nicht reagiert hatten, rief ich Sie prompt an und fragte, weshalb Sie nicht antworteten. Ganz egal, wie viel Arbeit man sonst noch hatte: weil man gerade ein Fax erhalten hatte, wurde von einem erwartet, dass man sofort antwortete.

Diese Denkweise übertrug sich auch auf andere Kommunikationsmittel. In der guten alten Zeit (sagen wir mal 1981) wurde eine Nachricht, die um 6 Uhr am Dienstagabend auf einen Anrufbeantworter gesprochen wurde, frühestens am nächsten Tag beantwortet, wenn man wieder ins Büro kam. In den seltenen Fällen, in denen jemand am Samstagmorgen um 8 Uhr eine Nachricht hinterließ, musste er folglich meist bis Montagmorgen warten, bis er eine Antwort erhielt.

| Prompte Reaktion erwartet |

Aber heute ist vielen Leuten der Unterschied zwischen Arbeits- und Freizeit, zwischen Arbeitswoche und Wochenende abhanden kommen. Man erwartet, dass wir prompt reagieren, auch wenn der Anruf zu einem Zeitpunkt kommt, an dem die meisten Leute sich entspannen und an alles andere als Arbeit denken. Das ist einer der Gründe, weshalb es so schwer geworden ist, sich seine Freizeit auch wirklich frei zu halten. In Kapitel 5 werden wir uns damit befassen, wie Sie wieder Grenzen ziehen, damit Sie Ihre wohlverdiente Freizeit auch genießen können.

Ein Abbild Ihrer Mobilität

Der Fragebogen weiter unten kann Ihnen einen umfassenden Überblick verschaffen, inwiefern Ihre Arbeit Ihre Freizeit bereits ausgehebelt hat – nehmen Sie sich also Zeit, ihn in Ruhe auszufüllen. Niemand außer Ihnen wird die Resultate sehen; Sie können also ehrlich sein und alle Orte auflisten, an denen Sie arbeiten. Es kostet Sie nicht viel Zeit und verschafft Ihnen einen guten Einblick in Ihre Arbeitsgewohnheiten.

Schreiben Sie die entsprechende Punktzahl, die Sie der unten abgebildeten Tabelle entnehmen können, hinter den jeweiligen Arbeitsort. Die Zahl bezieht sich auf die Zeit, die Sie in der vergangenen (oder einer anderen typischen) Woche mit arbeitsbedingten Aktivitäten an dem entsprechenden Ort verbracht haben.

Anschließend nehmen Sie die Liste noch einmal durch und sehen nach, an welchem Ort Sie „vernetzt" waren, egal wie – wo Sie beispielsweise einen Laptop, ein Handy oder schnurloses Telefon, ein PDA oder ein anderes Gerät benutzt haben, das mit dem Telefon- oder einem anderen Netz verbunden war oder hätte verbunden werden können. Verdoppeln Sie für diese Orte die Zahl aus der ersten Spalte und schreiben Sie sie in die zweite Spalte:

	Punkte
Verbrachte Zeit	*Punktzahl*
0 bis 15 Minuten	0
15 Minuten bis 1 Stunde	1
1 bis 3 Stunden	2
3 bis 5 Stunden	3
über 5 Stunden	4

Ort	Punkte für Zeit, die Sie hier letzte Woche verbrachten	Doppelte Punktezahl, falls vernetzt
A. Im Büro der Firma		
an Ihrem Schreibtisch	5	10
am Schreibtisch von anderen	3	6
im Hoteling oder an ähnlichem Ort		
im Konferenzzimmer	2	4
in der Cafeteria		
an einem anderen Ort	5	
B. Zu Hause		
in Ihrem Büro daheim		
in anderen Räumen	2	4
C. Geschäftlich unterwegs		
im Flugzeug/Flughafen		
im Zug/Bahnhof		
im Bus		
in der U-Bahn		
im Auto oder in anderem Fahrzeug	3	6
im Hotel/Motel (Geschäftsreise)		
D. Sonstige Geschäftsorte		
im Büro eines Kunden		
im Büro eines Wettbewerbers		
im Büro eines Partners		
im Restaurant (Geschäftsessen)		

E. Sonstige Orte (nicht geschäftlich unterwegs)

im Hotel/Motel (persönliche Reise)	*2*	*4*
im Ferienhaus		
im Restaurant	*2*	*4*
im Flugzeug/Flughafen		
im Sportstadion		
Veranstaltungsort für Kultur/ Unterhaltung		
Kinderspielplatz/Konzert/ Spiel		
Strand/See/Park/ im Freien		
Sonstige	*2*	*4*
Insgesamt	*26*	*42*

Wenn Sie die Zahlen beider Spalten zusammenzählen, erhalten Sie in der ersten Spalte eine Zahl zwischen 30 und 80 und in der zweiten in manchen Fällen sogar fast das Doppelte. Es gibt keine richtigen Antworten; Ziel dieser Übung war es vielmehr, Ihnen drei Dinge zu zeigen:

- die vielen *unterschiedlichen* Orte, an denen Sie letzte Woche arbeitsbedingt aktiv waren;
- wie *fragmentiert* Ihre Arbeitswoche eigentlich ist;
- eine grobe Ahnung von den Auswirkungen der *Technik* darauf, wo Sie sich aufhalten.

Hier ein paar Gedanken zum Fragebogen:

1. *Das Chaos verschiedener Orte.* Manche Menschen empfinden es als tröstlich, Tag für Tag ins gleiche Büro zu gehen | Gedanken zum Fragebogen

und den Hauptteil ihrer Arbeit dort zu verrichten. Sie

würden es als chaotisch und sehr stressig empfinden, ihre Arbeit an fünf, zehn oder mehr Orten verrichten zu müssen. Andere hingegen blühen dadurch erst richtig auf, und es wäre ein Fluch für sie, dauernd an ein und demselben Ort zu arbeiten.

Überlegen Sie sich, was Ihnen in dieser Hinsicht am liebsten ist, und prüfen Sie daraufhin die Zahl der Orte, an denen Sie arbeiten. Falls Sie einen geregelten Zeitplan vorziehen, könnten verschiedene Arbeitsorte – egal wie viele Minuten oder Stunden Sie dort arbeiten – eine Stressquelle für Sie sein. Dann wäre es gut, das zu ändern.

2. *Kurze Zeiten arbeiten.* Dies bezieht sich auf die *Gesamtzahl* der Orte, an denen Sie arbeiten und auf die Zeit, die Sie dort jeweils *an einem Stück* arbeiten können. Und wieder gilt, dass unterschiedliche Menschen verschiedene Toleranzschwellen haben, was kurze „Arbeitssalven" betrifft: Manche möchten sich hinsetzen und solange an etwas arbeiten, bis es fertig ist. Wenn Sie hingegen in den kurzen Perioden, die Sie an den verschiedensten Orten verbringen, gut arbeiten können, ist das wahrscheinlich kein Problem für Sie. Sind Sie aber jemand, der gern längere Zeit am Stück (mit keiner oder nur minimalen Störungen) arbeitet, dann müssen Sie womöglich Ihre Arbeitsmuster anpassen – auch wenn das bedeuten könnte, dass Sie sich in Ihrer Freizeit zusammenhängende Zeiten für Arbeitsaufgaben freischaufeln.

3. *Die Freuden und die Schmerzen einer Netzverbindung.* Sehen Sie sich die zweite Reihe an. Wenn dort viele Zahlen stehen, weist das darauf hin, dass Sie zu den wahrhaft vernetzten Arbeitnehmern gehören. Das ist kein Problem, sofern es Ihnen Spaß macht, die E-Mail im Taxi runter oder einen Bericht hoch zu laden, den Sie beim Mittagessen im Restaurant verfasst haben.

Die Geschwindigkeit von Funkverbindungen liegt fast immer unter der einer Festnetzverbindung, und bisweilen ist sie unsicher oder gar nicht verfügbar. Aber auch bei einer Netzverbindung (etwa einer Modemverbindung im Flughafen oder Hotel) sind die Bandbreiten fast immer geringer, als wenn Sie direkt mit dem Intranet der Firma verbunden sind.

Abhängig von Ihrer Aufgabenstellung können Sie sich das Leben einfacher machen und Stress reduzieren, wenn Sie ein wenig Ihrer ortsunabhängigen Arbeitsfähigkeit opfern und warten, bis Sie wieder im Büro oder an einem Ort sind, wo sie eine breitbandige und verlässliche Verbindung haben.

Diese Einschränkungen für die Arbeit unterwegs verschwinden jedoch zunehmend. Die Kommunikationstechnik, die unsere Arbeit im Büro beeinflusst, ist an immer mehr Orten erhältlich.

Wenn Sie wollen, können Sie Ihre Punkte noch eingehender analysieren, zum Beispiel indem Sie die Zahl der im Büro

> **Vertiefung der Analyse**

verbrachten Stunden mit denen vergleichen, die Sie an anderen Orten tätig sind, oder indem Sie die unterschiedliche Auswirkung der Technik an den verschiedenen Orten durchleuchten. Unabhängig davon, wie viel Punkte Sie insgesamt haben: Die Punktzahl dürften bedeutend höher liegen, als dies noch vor fünf oder zehn Jahren der Fall gewesen wäre, und außerdem dürfte der Unterschied zwischen den Gesamtpunkten der ersten und der zweiten Reihe heute auch größer sein. Wir arbeiten an mehr Orten und mit mehr Technik als je zuvor.

Beachten Sie bitte, dass das Problem *nicht* nur etwas mit den vielen Arbeitsstunden oder mit der Vielzahl der Orte zu tun hat, an denen Sie arbeiten. Die unentrinnbare Wirklichkeit ist, dass fast jeder heute mehr Stunden arbeitet als in der Vergangenheit, und das an mehr Orten. Die Laptops, Handys, PDAs und die überall vorhandenen

Internet-Verbindungen usw. schenken uns sehr viel mehr Freiheit, und die möchte ich keinesfalls wieder loswerden. Es ist jedoch eine Herausforderung, diese Freiheit für uns zu verwenden, statt von all diesen Geräten frustriert oder versklavt zu werden.

Die techno-mobile Groll-Skala

Ebenso wie die Abbildung Ihnen Ihre Mobilität gezeigt hat, wie viel und an wie vielen verschiedenen Orten Sie arbeiten, kann der folgende Fragebogen Ihnen zeigen, welchen Einfluss das auf Sie und die Menschen um Sie herum hat. Ich möchte nicht behaupten, dass dieser Fragebogen wissenschaftlich untermauert ist, aber die positiven Rückmeldungen von Kollegen, die ihn verwendet haben, vom Publikum bei Konferenzen und von Kunden bei vielen Spitzenunternehmen, zeigen eindeutig, dass er einen guten Einblick in die Problematik bietet.

Notieren Sie hinter den folgenden 20 Fragen jeweils eine der vier unten aufgeführten Antworten, die Ihre Empfindungen und die von Ihnen nahe stehenden Menschen wiedergeben. (Sie wissen selbstverständlich, wie Sie selbst empfinden – obwohl es hilfreich sein könnte, noch einmal sorgfältig nachzudenken –, aber möglicherweise müssen Sie raten, wenn es nahe stehende Menschen betrifft, es sei denn, Sie haben die Frage schon einmal mit ihnen besprochen.)

Mögliche Antworten:
1. Ich akzeptiere es.
2. Ich toleriere es.
3. Es gefällt mir nicht.
4. Ich hasse es.

Anmerkung: Falls Sie meinen, eine oder mehrere Fragen seien nicht relevant, können Sie diese zum Beispiel mit 1 beantworten, was bedeuten würde, dass Sie oder Ihre Familie in dieser Hinsicht keinen Groll hegen. Zum Beispiel Frage P: Falls Sie allein wohnen und es daher niemanden stört, dass Sie abends zu Hause arbeiten, wäre die Antwort natürlich 1.

Oder schauen Sie sich Frage C an: Falls Sie nicht zu Hause arbeiten, weil Ihr Arbeitgeber es Ihnen nicht erlaubt oder weil Ihnen die entsprechenden Geräte nicht zur Verfügung stehen, dann könnte Ihre Antwort 3 oder sogar 4 lauten, weil es Sie nämlich ärgert, *nicht* in der Lage zu sein, abends zu Hause arbeiten.

Schreiben Sie hinter jede Frage eine 1, 2, 3 oder 4 und lassen Sie keine unbeantwortet.

A. Was empfinden Sie bezüglich der Anzahl Arbeitsstunden, die Sie in einer durchschnittlichen Woche in *Ihrem* Büro (wo auch immer das ist) verbringen? *1.*

B. Was empfinden Sie bezüglich der Anzahl Arbeitsstunden, die Sie in einer durchschnittlichen Woche im Büro *anderer* (wo auch immer das ist) verbringen? *1.*

C. Was empfinden Sie bezüglich der Gesamtsumme an Arbeitsstunden, die Sie in einer durchschnittlichen Woche in Ihrem Büro *zu Hause* verbringen? *1.*

D. Was empfinden Sie bezüglich der Anzahl Arbeitsstunden, die Sie in einer durchschnittlichen Woche zu Hause, aber *nicht* in Ihrem Büro verbringen? *3.*

E. Was empfinden Sie bezüglich der Anzahl Stunden, die Sie in einer durchschnittlichen Woche *unterwegs* arbeiten (im Auto, Bus, Flugzeug, Zug, in der U-Bahn)? *1.*

F. Was empfinden Sie bezüglich der Anzahl Stunden, die Sie in einer durchschnittlichen Woche außerhalb der „normalen Bürostunden" arbeiten? *3.*

G. Was empfinden Sie in Bezug darauf, dass von Ihnen erwartet wird, Ihre E-Mails und Voice-Mails in ganz bestimmten Intervallen abzuholen und zu beantworten, und zwar außerhalb der „normalen Bürostunden"? *2.*

H. Was empfinden Sie in Bezug darauf, dass von Ihnen erwartet wird, außerhalb der „normalen Bürostunden" auf Ihren Beeper zu reagieren? *3.*

I. Was empfinden Sie bezüglich der Anzahl Stunden, die Sie in einer durchschnittlichen Woche am Samstag oder Sonntag außerhalb der „normalen Bürostunden" arbeiten? *3.*

J. Was empfinden Sie bezüglich der Anzahl Stunden, die Sie in einer durchschnittlichen Woche am Samstag oder Sonntag *in* den „normalen Bürostunden" arbeiten? *1.*

K. Was empfinden Sie in Bezug darauf, dass von Ihnen erwartet wird, Ihre E-Mails und Voice-Mails am Samstag oder Sonntag in ganz bestimmten Intervallen abzuholen und zu beantworten? *2.*

L. Was empfinden Sie in Bezug darauf, dass von Ihnen erwartet wird, am Samstag oder Sonntag auf Ihren Beeper zu reagieren? *3.*

M. Was empfinden Sie bezüglich der Zeit (in den letzten sechs Monaten), in der Sie in Ihrem bezahlten Urlaub arbeiten mussten? *4.*

N. Was empfinden Sie bezüglich der Zeit (in den letzten sechs Monaten), in der Sie an freien Tagen arbeiten mussten? *3.*

Anmerkung: Bei den nachfolgenden Fragen können Sie „Familie" so definieren, wie Sie möchten. Das könnte ebenso ein Mitbewohner sein wie ein Ehe- oder anderer Partner und/oder Eltern und andere Verwandte, ob diese Menschen bei Ihnen wohnen oder nicht. Auch wenn Ihre

Arbeit sich am meisten auf die Menschen auswirkt, mit denen Sie unter einem Dach wohnen, wird sie sich auch auf andere auswirken, zu denen Sie dauerhafte Beziehungen haben.

O. Was empfindet Ihre Familie bezüglich Ihrer Arbeitszeiten und -gewohnheiten?

P. Was empfindet Ihre Familie bezüglich Ihrer Arbeitszeiten und -gewohnheiten während der normalen Arbeitswoche?

Q. Was empfindet Ihre Familie bezüglich Ihrer Arbeitszeiten und -gewohnheiten an Samstagen und Sonntagen?

R. Was empfindet Ihre Familie bezüglich Ihrer Arbeitszeiten und -gewohnheiten während der Ferien mit einem oder allen Mitgliedern?

S. Was empfinden Ihre Kinder bezüglich der Zeit, die Sie während der Arbeitswoche abends mit ihnen verbringen?

T. Was empfinden Ihre Kinder bezüglich der Zeit, die Sie am Wochenende mit ihnen verbringen?

Auswertung: Zählen Sie die Einsen, Zweien, Dreien und Vieren zusammen und tragen Sie sie in Reihe 1 ein; da Sie 20 Fragen beantwortet haben, sollte die Summe in Spalte 1 20 betragen:

	Spalte 1	Spalte 2	Spalte 3
Anzahl Einsen	_6_	x 1 =	_6_
Anzahl Zweien	_5_	x 2 =	_10_
Anzahl Dreien	_7_	x 3 =	_21_
Anzahl Vieren	_2_	x 4 =	_8_
		Summe	_45_

Multiplizieren Sie anschließend die Zahlen der Spalte 1 mit den Faktoren der Spalte 2 und notieren Sie die Antworten in Spalte 3. Addieren Sie schließlich die Zahlen in Spalte 3.

Interpretation der Auswertung

Beachten Sie bitte, dass es in diesem Fragebogen nicht um die Arbeitsstunden oder um die Orte geht, an denen Sie arbeiten, sondern um Ihre *Empfindungen* (und die Ihrer Familie) in dieser Hinsicht. Das ist ein wichtiger Unterschied: Sie sollten zunächst herausfinden, wie zufrieden oder unzufrieden Sie mit Ihrem Arbeitsmuster sind, und auf Grund dessen Veränderungen durchführen – wir gehen also *keineswegs* davon aus, dass Sie zu viele Stunden an zu vielen Orten arbeiten und beides reduzieren sollten.

1. *Es als angenehm empfinden oder damit leben müssen.* Wie oft haben Sie welche Antwort gegeben (Spalte 1)? Je häufiger dort eine 1 und 2 steht, desto mehr können Sie und Ihre Familie Ihr Arbeitsmuster akzeptieren oder zumindest tolerieren. Steht dort jedoch häufiger eine 3 oder 4, dann ist eindeutig etwas aus dem Lot.

> Gibt es ein Muster?

Sehen Sie die 20 Fragen noch einmal durch und markieren Sie die, bei denen eine 3 oder 4 steht. Fällt Ihnen ein Muster auf?

Hat es vor allem etwas mit Abenden in der Woche, mit Wochenenden, Ferien und freien Tage zu tun, oder ergibt sich ein anderes Muster?

2. *Wer hegt einen Groll?* In den Fragen A bis N geht es um eigene Empfindungen, und in den Fragen O bis T um die der Menschen in Ihrem Umfeld. Gibt es signifikante Unterschiede zwischen den Werten? Falls Sie Ihre Arbeitsmuster tolerieren oder akzeptieren, und Ihre Familie tut das nicht, sind Sie vielleicht nicht so motiviert, das zu ändern, wie wenn Ihre Angaben denen Ihrer Familie entsprechen würden.

Möglicherweise schätzen Sie den eigenen Groll aber auch höher ein als den, den Sie für Ihre Familie annehmen. Das könnte bedeuten, dass Ihre Familie zufrieden ist, egal ob Sie unterwegs oder zu Hause sind und ob Sie in den Haushalt oder die Familienaktivitäten involviert sind oder nicht. Sie könnten dieses Muster dahingehend deuten, dass Sie sich nur um Ihren Stress kümmern müssen (auch das ist durchaus möglich).

Es gibt noch zwei weitere Möglichkeiten, die Auswertungen zu interpretieren, die allerdings ein wenig beunruhigender sind. Möglicherweise ist Ihre Familie inzwischen immun gegen Ihre langen Arbeitsstunden. Oder die langen Arbeitszeiten haben bereits ihren Tribut gefordert, nämlich in der Art und Weise, wie Sie mit Ihrer Familie umgehen.

> **Ist Ihre Familie schon immun?**

So könnten Sie beispielsweise das Gefühl haben, nie ausspannen zu können; deshalb sind Sie gereizt und reagieren kurz angebunden, wenn man Sie bittet, sich am Haushalt zu beteiligen. In diesem Fall könnten Sie sich regelrecht in die Arbeit flüchten. Wenn Sie Ihrer Familie bewusst oder unbewusst zu erkennen geben, dass ihre Wünsche und Anliegen Sie bei der Arbeit stören, dauert es wohl nicht lange, bis sie auf Distanz gehen.

Ein hoher Gesamtwert für Groll bei der Familie bedeutet nicht unbedingt, dass Sie ein Problem haben. Dennoch sollten Sie bei hohen Ergebnissen in diesem Bereich auf eventuelle Probleme in der Familie achten und sich die unerwünschten Konsequenzen Ihres Arbeitsmusters sorgfältig ansehen.

3. *Die Summe.* Sehen wir uns schließlich

Die Summe

an, was die Summe enthüllt. Wenn Sie keine Frage ausgelassen haben, beläuft sich die Summe auf mindestens 20 (alle 20 Fragen haben eine 1 bekommen) bis maximal 80 (alle 20 Fragen haben eine 4 bekommen). Je geringer die Summe ist, desto weniger Groll hegen Sie oder Ihre Familie in Bezug auf Ihre Arbeitsmuster.

Da die Werte 3 und 4 höher gewichtet werden, kann eine kleine Änderung in den Antworten eine große Auswirkung auf die Summe haben. Sehen wir uns die möglichen Auswertungen von Martin und Monika an:

Martins Antworten:
Anzahl Einsen   2 x 1   = 2
Anzahl Zweien   5 x 2   = 10
Anzahl Dreien   7 x 3   = 21
Anzahl Vieren   6 x 4   = 24
Gesamtsumme   = 57

Monikas Antworten:
Anzahl Einsen   6 x 1   = 6
Anzahl Zweien   4 x 2   = 8
Anzahl Dreien   6 x 3   = 18
Anzahl Vieren   4 x 4   = 16
Gesamtsumme   = 48

Die Summe bei Monika ist um 9 kleiner als die von Martin, obwohl ihre jeweiligen Antworten nicht weit auseinander liegen. Schlüsselt man die Auswertung näher auf, dann wird ersichtlich, dass Martin 13-mal eine 3 oder 4 hatte, während das bei Monika nur 10-mal der Fall war.

Mehr kann man hier nicht analysieren, aber wenn Sie sich die eigenen Resultate noch einmal ansehen und sie mit diesen vergleichen, können Sie einiges daran erkennen. Vielleicht liegt Ihr letzter Job nicht so weit zurück und Sie können sich noch gut daran erinnern; füllen Sie in diesem Fall den Fragebogen erneut aus, als hätten Sie den Job noch, und vergleichen Sie anschließend die Resultate. Das verschafft Ihnen vielleicht ein besseres Bild, weshalb Sie und Ihre Familie sich besser – oder schlechter – mit Ihrer gegenwärtigen Arbeit fühlen.

Sich auf einen Wandel vorbereiten

Da Sie nun eine bessere Sicht auf das Wo und Wann Ihrer Arbeit haben und wie sich das auf Ihr Umfeld und Sie auswirkt, ist es an der Zeit, diese Informationen zu sammeln und die Möglichkeiten für Verbesserungen und einen Wandel aufzulisten. Diese Liste wird uns in den nächsten drei Kapiteln beschäftigen. Es ist deshalb empfehlenswert, eine Kopie zu machen, so dass Sie leicht darauf zurückgreifen können. Diese Liste wird Ihnen außerdem helfen, sich exakt auf die Ziele zu richten, die der Wandel nach sich ziehen soll.

Markieren Sie bei den folgenden Fragen, ob Ihr Interesse daran groß, mittelmäßig oder gering ist.

Ich sollte:	*großes Interesse*	*mittelmäßiges Interesse*	*geringes Interesse*
1. das Büro am Nachmittag/ Abend früher verlassen.		X	
2. abends zu Hause weniger Zeit am Computer verbringen.			X
3. abends zu Hause weniger Zeit damit verbringen, meine Voice-Mails abzuhören und zu beantworten.			X
4. abends zu Hause weniger Zeit mit Telefonkonferenzen verbringen.		X	
5. abends zu Hause weniger Zeit damit verbringen, auf meinen Beeper zu reagieren.	X		
6. an Wochenenden und an freien Tagen abends weniger Zeit am Computer verbringen.			X
7. an Wochenenden und an freien Tagen weniger Zeit damit verbringen, meine Voice-Mails abzuhören und zu beantworten.			X
8. an Wochenenden und an freien Tagen weniger Zeit mit Telefonkonferenzen verbringen.	X		

Ich sollte:	*großes Interesse*	*mittel- mäßiges Interesse*	*geringes Interesse*
9. an Wochenenden und an freien Tagen weniger Zeit damit verbringen, auf meinen Beeper zu reagieren.	✗		
10. in den Ferien weniger Zeit am Computer verbringen.			✗
11. in den Ferien weniger Zeit damit verbringen, meine Voice-Mails ab-zuhören und zu beant-worten.			✗
12. in den Ferien weniger Zeit mit Telefonkonfe-renzen verbringen.	✗		
13. in den Ferien weniger Zeit damit verbringen, auf meinen Beeper zu reagieren.	✗		
14. herausfinden, wie ich meine Zeit verbringen möchte und meine Grenzen wiederher-stelle.	✗		
15. mich besser dabei füh-len und mehr Selbstver-trauen dabei haben, diese Themen mit mei-nem Vorgesetzten zu besprechen.			✗

Ich sollte:	großes Interesse	mittel- mäßiges Interesse	geringes Interesse
16. herausfinden, wie das Risiko nicht so groß ist, diese Themen mit meinem Vorgesetzten zu besprechen.			✗
17. mich besser fühlen und mehr Selbstvertrauen haben, wenn ich diese Themen mit meinen Kunden bespreche.		✗	
18. mich besser fühlen und mehr Selbstvertrauen haben, wenn ich diese Themen mit meinen Kollegen besprechen.			✗
19. herausfinden, was ich mit der zusätzlichen Zeit machen würde, die ich eventuell haben würde.	✗		
20. entscheiden, ob eine berufliche Veränderung es mir leichter machen würde, meine Arbeitszeit in den Griff zu bekommen.			✗

Die Themen, bei denen Sie großes oder mittelmäßiges Interesse markiert haben, sollten Sie besonders beachten und im Laufe der nächsten drei Kapitel im Sinn behalten. Wenn dies bei mehr als 10 Themen der Fall ist, sollten

Sie die Liste noch einmal daraufhin überprüfen, wovon Sie bei einer Verbesserung am meisten profitieren würden. Wenn man zu viele Dinge ändern will, kann einen das lähmen; man hat das Gefühl, man hätte noch so viel zu tun, dass man gar nicht richtig anfangen, geschweige denn es schaffen kann.

All das und noch ein wenig Verrücktheit?

Sie haben jetzt einen ausgezeichneten Einblick in die Hintergrundfaktoren und deren Einfluss. In den nächsten Kapiteln werden wir uns damit befassen, wie man optimal mit diesen Herausforderungen umgeht.

Bevor wir allerdings damit anfangen, wollen wir noch einen letzten Faktor betrachten, der mit dem heutigen Stress zusammenhängt: Viele Menschen verhalten sich dann

> Sind Sie manchmal überspannt?

und wann ein wenig überkandidelt, ich gehöre auch dazu. Wenn meine Frau mir sagt, ich sei ganz schön überspannt, dann weiß ich, dass ich wieder mal versuche, zu viel in zu wenig Zeit zu schaffen. Dass ich dabei nicht allein bin, weiß ich, seitdem ich das Buch von C. Leslie Charles gelesen habe: *Why Is Everyone So Cranky? The Ten Trends That Are Making Us Angry and How We Can Find Peace Of Mind Instead**. Die Autorin listet darin 10 Trends auf, die dazu führen, dass viele Menschen kurz angebunden reagieren; die zwei wichtigsten lauten: „Komprimierte Zeit – die Eile nähren" und „Überlastete Kommunikation – zu viel, zu häufig." (Mehr darüber erfahren sie auf ihrer Webseite www.whyiseveryonesocranky.com.)

---

* Warum sind alle so genervt? Die 10 Trends, die uns wütend machen, und wie wir stattdessen inneren Frieden finden können. (Nicht in deutscher Übersetzung erhältlich; Anm. d. Übersetzers)

Was ist falsch
an der Technik?
Ich habe Leslie gefragt, wo diese Über-
spanntheit herstammt, insbesondere was
unsere Arbeit betrifft. „Die neuen Technologien machen viele Menschen zu Gefangenen der
Erwartungs-Maschinerie. Man macht uns glauben, die
Technik würde uns das Leben leichter machen. Aber das
stimmt nicht. Sie hat das Leben für uns alle viel komplizierter gemacht", meinte sie. „Es gibt jetzt viel mehr
Ebenen von Arbeit als zuvor, und uns wird jede Menge
Neues abverlangt."

„Wenn so etwas geschieht, fangen wir an uns zu hinter-
fragen", fuhr sie fort. „So fragen wir uns beispielsweise,
was mit uns nicht stimmt, wenn wir 200 E-Mails nicht
schnell genug abarbeiten können, obwohl wir uns doch
eigentlich fragen sollten: ‚Was stimmt mit dieser Technologie nicht?'"

Leslie ist davon überzeugt, dass der durchgehende
Service, den viele Unternehmen bieten, ungewollte Konsequenzen hat. „Das bedeutet nämlich für einige, dass sie
keine Freizeit mehr haben, insbesondere wenn ihr Arbeitgeber den Kunden vermittelt: ‚Wir sind rund um die Uhr
für Sie da.' Die Erwartung, die Technik müsse einen Non-
stop-Kundendienst ermöglichen, führt zu der Überzeugung: ‚Wenn es möglich ist, sollten wir es auch so machen.' Dabei ist uns nicht klar, dass dies nicht nur für
Arbeitnehmer eine schwierigere Situation schafft, sondern auch für den Kunden oder Klienten."

Erst die
Karriere?
Und in einer Anmerkung zu einem Umfeld, in dem jeder immer mehr leisten soll,
meinte sie: „Die Unternehmen in Amerika
verlangen immer mehr von ihren Arbeitnehmern, auch
wenn sie weniger Gewinne machen. Es stimmt sicherlich,
dass Arbeitgeber und Manager durch die mobile Technik
immer mehr Leistungen aus Arbeitnehmern herausholen
können – aber die Arbeitnehmer haben immer weniger
von ihrem Leben. Nach und nach richtet die Karriere ihr

Leben zu Grunde. Arbeitnehmer glauben immer mehr: ‚Erst die Karriere und dann das Leben ... wenn ich Glück habe, zumindest.'"

Für manche kein rosiger Ausblick. Wenn auch Sie sich manchmal so fühlen, können Sie jetzt damit anfangen, die Dinge wieder in den Griff zu bekommen – und vielleicht ein bisschen weniger überspannt zu sein: in Kapitel 3.

Kapitel 3

Wie Sie die Dinge wieder in den Griff bekommen – falls Sie das wollen

In diesem Buch geht es darum, unsere Arbeitsgewohnheiten richtig zu verstehen und möglicherweise zu ändern. Stellen Sie sich aber für den Moment vor, es ginge um andere persönliche Gewohnheiten oder Verhaltensweisen, die man nur schwer ändern kann, und nicht um die vielen Stunden, die wir arbeiten und Laptops schleppen. Zum Beispiel um Rauchen, Übergewicht, Fitness-Training, Trinkgewohnheiten oder etwas anderes, dass nichts mit Ihrer Arbeit zu tun hat.

Zu viel (oder zu wenig, wie beim Fitness-Training beispielsweise) ist nicht gut. Außerdem *wissen* Sie, dass Ihre Handlungen Konsequenzen haben, und Sie *kennen* natürlich genügend Gründe, weshalb Sie Ihr Verhalten ändern sollten. Aber es geschieht einfach nichts, bis Sie eines Tages in den Spiegel schauen und sich sagen: „Das reicht! Keine Entschuldigungen, Begründungen oder Verdrängung mehr. Es ist an der Zeit, die Dinge zu ändern – egal wie schwer das ist."

Es reicht! Mehr Zeit für sich selbst?

Anhand der Einschätzung aus Kapitel 2 wissen Sie inzwischen ganz gut, in welchem Ausmaß Ihre Arbeit Ihnen Freizeit raubt und inwieweit Ihnen das nicht gefällt. Ob das allerdings schon genügt, um Sie ausreichend zu motivieren die Angelegenheit auch anzugehen, wissen nur Sie. Lassen Sie

Sind Sie motiviert genug?

sich weder von der inneren Stimme leiten, die sagt: „Leg die Füße hoch und genieße das Leben!", noch von jener Stimme, die Sie zu überzeugen sucht: „Sei immer ein guter Teamplayer!", und die Ihnen von Ihren Freunden, Kollegen, Vorgesetzten oder anderen eingepflanzt worden ist.

Falls Sie besorgt sind, es könnte gefährlich sein, *endlich* etwas zu *tun*: entspannen Sie sich. Wir wollen Ihre Karriere nicht abrupt mit der Empfehlung beenden, in das Büro Ihres Vorgesetzten (oder Kunden) zu stürmen, mit der Faust auf den Schreibtisch zu hauen und endlich mehr Freizeit zu fordern – sonst aber! Ganz egal, wie gut der Arbeitsmarkt es mit Ihnen meint, Sie können nicht erwarten, dass Ihr Chef alles stehen und liegen lässt und wissen will, wie er Ihnen das Leben einfacher machen kann, nur damit Sie bei der Firma bleiben.

Sie sollen auch nicht mit einem Vorschlaghammer die Büros des Informationszeitalters überfallen und alle Geräte zertrümmern, die Ihnen das Leben schwer machen. Das ist vielleicht eine schöne Vorstellung, aber auch wenn es Ihnen kurzzeitig Befriedigung verschaffen könnte, dürfte diese nur von kurzer Dauer sein. Schlimmer noch: Die eigentlichen Gründe, *weshalb* das Telefon klingelt und der Laptop Sie mit E-Mails überhäuft, werden nicht davon berührt.

Jeder Wandel obliegt der eigenen Verantwortung

Jetzt ist Ihnen sicherlich klar:

- dass die Welt, Ihr Vorgesetzter, Ihre Kunden und all die anderen Menschen sich nicht einfach in Luft auflösen; Sie werden also lernen müssen, mit dem Druck umzugehen (statt ihn zu umgehen);

- dass die Geräte fürs mobile Büro keine Modeerscheinung sind und in Zukunft nur noch schneller, kleiner, besser und billiger werden, so dass Sie ihrem Einfluss auf Dauer nicht entrinnen können;
- dass Ihr Wunsch, mehr Freizeit zu haben, legitim und berechtigt ist; weil aber niemand Ihnen diese Zeit schenken wird, müssen Sie Mittel und Wege finden, Ihre Stunden, Tage und Wochen besser zu nutzen.

So können Sie Ihre Zeit und Ihr Leben wieder in den Griff bekommen; das ist die Grundlage dessen, womit wir uns in den nächsten beiden Kapiteln befassen werden.

> Ihr Leben wieder in den Griff bekommen

Ich glaube einfach nicht, dass die meisten Manager und Arbeitgeber Verständnis dafür aufbringen, dass *sie* etwas unternehmen müssen, damit Sie nicht Tag und Nacht auf Abruf bereit sein müssen. Einige wenige Arbeitgeber tun das, und noch ein paar andere werden es wohl demnächst tun – und das ist wunderbar –, aber es ist eher unwahrscheinlich, dass Ihr Arbeitgeber dazu gehört.

Wenn Sie nicht mit 3 Stunden Schlaf pro Nacht und ein paar Ferientagen pro Jahr auskommen möchten und können, *müssen Sie einige schwierige, aber wichtige Entscheidungen treffen, wie oft und wie lange Sie für Ihren Arbeitgeber und Ihre Kunden verfügbar sein möchten* – und Sie müssen die Verantwortung dafür übernehmen, diese Entscheidungen auch durchzusetzen.

Denken Sie mal darüber nach: Weshalb *sollte* ein Arbeitgeber seinen Mitarbeitern freiwillig dazu verhelfen, eine vernünftige Grenze zwischen ihrer Arbeits- und Freizeit zu ziehen? Sehen Sie sich doch mal an, was Arbeitgeber vermeintlich damit gewinnen, ihren Leuten immer mehr Arbeitsstunden abzuverlangen:

- *Mehr Leistung bei gleich bleibendem Gehalt.* Jeder Mitarbeiter kostet nicht

> Der vermeintliche Gewinn

nur Gehalt, sondern darüber hinaus eventuelle Gewinnanteile und andere, zusätzliche Zahlungen – ganz abgesehen von den Einstellungskosten, der Einarbeitung und dem Büroraum. Ermutigt man hingegen die derzeitigen Mitarbeiter sanft oder weniger sanft, mehr Stunden zu machen, dann kann der Arbeitgeber gegebenenfalls mit weniger Mitarbeitern auskommen – und am Ende einen größeren Gewinn einfahren.

- *Die Investitionen zahlen sich besser aus.* Schauen Sie sich doch mal all die Geräte an, die Ihnen im Büro, im Aktenkoffer, zu Hause und im Auto zur Verfügung stehen. Die verursachen zwar bei der Anschaffung Kosten, zahlen sich aber schneller aus, wenn sie häufiger genutzt werden.

- *Besserer Kundendienst.* Mobile, mittels Telekommunikation vernetzte, gut erreichbare Mitarbeiter sorgen für eine bessere Position auf dem Markt, wo Geschwindigkeit ein schlagendes Argument ist. Kunden sind sicherlich mehr beeindruckt von einem Unternehmen, das eine Stunde nach ihrem Anruf um 17 Uhr auf der Matte steht, als von einem, das erst um 9 Uhr am nächsten Tag dort erscheint. Es mag in Wirklichkeit vielleicht wenig bedeuten, dass man schneller ist, *es sieht aber so aus*, als sei die schnellere Antwort auch die bessere.

Einer meiner Kunden, der für eine internationale Beraterfirma arbeitet, meint dazu: „Natürlich beruht die Forderung an unsere Mitarbeiter, Tag und Nacht bereit zu stehen, mehr auf internem Druck als dem der Kunden. Wir wissen außerdem, dass Geschwindigkeit häufig nichts mit Qualität zu tun hat. Es ist anscheinend so, dass das alte Bedürfnis nach ausgiebigen Kundenkontakten durch das Bedürfnis ersetzt wurde, sehr schnell zu reagieren – dabei ist beides kein Indiz für die gute Qualität einer Leistung."

Aus all diesen Gründen bin ich davon überzeugt: Wer eine vernünftige Grenze zwischen Berufs- und Privatleben ziehen möchte, muss selber einen Weg finden. Nur eine Minderheit der Arbeitgeber ist genügend einsichtig, verständig oder schlau genug, die Initiative zu ergreifen.

„Schlau genug?“

Mit dem letzten Satz wollte ich übrigens nicht sagen, dass Arbeitgeber (oder Manager) im Allgemeinen dumm sind. Es bedeutet vielmehr, dass sie als Probleme maskierte Chancen auf unterschiedliche Weise wahrnehmen. Der wichtigste Grund für Arbeitgeber, auf das Thema vernünftiger Grenzen zwischen Arbeits- und Freizeit einzugehen, dürfte darin liegen, die Leistungsqualität der Spitzenleute und, etwas weiter gefasst, die Loyalität guter Arbeitnehmer generell aufrecht zu erhalten. Arbeitgeber, die über die kurzfristigen Vorteile verlängerter Arbeitszeiten hinaus in die Zukunft blicken, werden langfristig davon profitieren.

Hier drei gute Gründe, weshalb es sich für Arbeitgeber auszahlt, dem Trend zum allzeit bereiten Arbeitnehmer entgegenzutreten:

1. *Arbeitnehmer, die heute ausbrennen, kündigen morgen.* Versetzen Sie sich mal in die Lage eines kompetenten, erfahrenen Mitarbeiters auf dem heutigen Arbeitsmarkt – oder versetzen Sie sich doch mal in die *eigene* Lage. Wie lange wird dieser Mensch sich den zunehmenden Erwartungen fügen, zu Tageszeiten und an Orten verfügbar und online zu sein, die früher für Arbeit tabu waren? Die kurzfristigen Vorteile könnten schon bald zu dem langfristigen Schmerz führen, mit ansehen zu müssen, wie kompetente Leute das Unternehmen auf

> **Drei gute Gründe**

der Suche nach vernünftigeren Arbeitszeiten verlassen. Auch wenn die Äpfel in Nachbars Garten nicht wirklich saftiger sind, könnte dies in den Augen eines Arbeitnehmers, der stark unter Druck steht, schon bald so aussehen.

Man muss vielleicht auch noch einen anderen Faktor berücksichtigen. Das alte Motto: „Wer möchte, dass eine Aufgabe wirklich erledigt wird, muss eine viel beschäftigte Person damit beauftragen", wird heute offenbar häufiger angewendet als je zuvor. Ein Manager mit begrenzten Ressourcen und einer fast unendlich großen Arbeitslast kann gar nicht anders, als sich an seine kompetentesten Mitarbeiter zu wenden, wenn noch mehr Arbeit dazukommt. Manager gehen häufig (aber meistens fälschlicherweise) davon aus, dass Kompetenz so etwas ist wie ein Schwamm und dass ein Mitarbeiter, der bereits eine Menge zu tun hat, schon fähig sein wird, noch ein bisschen mehr zu tun. Also fügt man der viel zu langen Liste von Aufträgen noch einen hinzu, was zu mehr Arbeitsstunden führt, zu Arbeit an Wochenenden, in den Ferien und so weiter. Aber ein stetig zunehmender Druck kann Leute an den Punkt bringen, wo sie völlig ausgebrannt sind – und gehen.

2. *Der Schneeballeffekt von Kündigungen.* Wenn ein mittelmäßiger Mitarbeiter geht, fällt das fast niemandem auf, weil sein Beitrag so gering war, dass ein Verlust kaum ins Gewicht fällt. Wenn aber ein ausgezeichneter Kollege geht, geschieht genau das Gegenteil. Da er im Allgemeinen weit mehr leistet, als er muss, wächst die Bürde der anderen entsprechend, wenigstens solange, bis eine neue Kraft eingearbeitet ist.

Mitarbeiter, die bereits mehr als genug mit der eigenen Arbeit zu tun haben, sind gezwungen, die Arbeit des Superstars der Abteilung zu übernehmen. Diese Überforderung kann zu dem Gedanken führen, ob sie nicht auch woanders besser aufgehoben wären. Dieser ku-

mulative Effekt von Kündigungen fällt dem Management häufig erst auf, wenn man nichts mehr tun kann.
3. *Nonstop-Arbeit lohnt sich nicht.* Arbeitgeber geben es nur ungern zu, aber der Zweck eines zweitägigen Wochenendes, bezahlten Urlaubs und von Freizeit generell ist folgender: Arbeitnehmer brauchen eine Pause; sie brauchen Zeit, sich zu entspannen und wieder aufzuladen, und sie brauchen Zeit, um ihr Privatleben zu pflegen. Im Industriezeitalter, als die Arbeit meist körperlich belastender war als heute, waren diese Ruhezeiten nötig, damit die Arbeiter körperlich gesund blieben. Heute sind die gleichen Pausen notwendig, damit Arbeitnehmer geistig gesund bleiben – wenn man das nicht berücksichtigt, führt auch das bekanntlich auf Dauer zu körperlichen Problemen.

In meinen Augen ist es höchst ironisch, dass der Trend zu ortsunabhängigen und längeren Arbeitszeiten dazu führt, dass Arbeitgeber langfristig Einbußen an Leistung,

> Langfristig Einbußen statt Gewinn

Qualität und Produktivität werden hinnehmen müssen, statt die erwarteten Gewinne zu scheffeln. Der Laptop schleppende, allzeit erreichbare, regelmäßig die Voice-Mails abhörende, an Wochenenden und im Urlaub beschäftigte Arbeitnehmer fühlt sich nach der Rückkehr aus der „Freizeit" bedeutend *weniger* ausgeruht und weniger fähig, seine Arbeit zu leisten, als zuvor. Gerade die Geräte und die Technik, die seine Leistungen kurzfristig steigern können, haben auf Dauer den gegenteiligen Effekt: Der Mitarbeiter fängt die Arbeitswoche genauso müde an, wie er ins Wochende ging und hegt darüber hinaus vielleicht einen Groll, weil er die Arbeit nicht hinter sich lassen und mal richtig ausspannen durfte.*

---

* Was hier über Arbeitgeber gesagt wurde, ist natürlich auch für Sie relevant. Falls Sie Manager sind, sollten Sie es sich zu Herzen nehmen, und falls nicht, können Sie das Gesagte in einem Gespräch mit Ihrem Vorgesetzten verwenden. Mehr darüber in Kapitel 6.

Im eigenen Interesse

Nachdem ich hier dargestellt habe, weshalb Arbeitgeber sich ändern sollten, wollen wir uns jetzt mit etwas befassen, das für Sie vielleicht relevanter ist: was Sie gewinnen, wenn Sie sich ändern – und was Sie verlieren, wenn Sie das nicht tun.

Es ist ziemlich offensichtlich, weshalb man sich mehr Raum geben und die Arbeit ein wenig zurückdrängen sollte. Sie haben wahrscheinlich eine lange Liste im Kopf, was Sie gerne machen würden, wenn Sie mehr Zeit hätten und nicht andauernd verfügbar sein müssten.

Es wäre gut, diese Liste zu Papier zu bringen, und zwar aus zwei Gründen. Erstens wird Ihnen besser bewusst, was Sie anders machen würden. Zweitens sind diese Worte auf Papier der Anfang einer Vereinbarung, die Sie mit sich selbst treffen: ein Vertrag, der Ihnen helfen wird, sich Änderungen zu verpflichten, die Sie in Kapitel 5 festlegen werden.

Nehmen Sie sich aus diesem Grund – jetzt – ein paar Minuten, auf die sechs folgenden Fragen zu antworten. Schreiben Sie zunächst auf, was Ihnen spontan einfällt; denn damit bekommen Sie zu fassen, was Ihnen wirklich wichtig ist. Nehmen Sie sich anschließend ein paar Minuten, um tiefer über diese Frage nachzudenken, denn es ist durchaus möglich, dass Sie bereits so lange „allzeit bereit" sind, dass Sie Ihre Wünsche verdrängt haben, weil sie Ihnen unerreichbar vorkamen. Erlauben Sie diesen Gedanken, wieder an die Oberfläche zu kommen, und füllen Sie möglichst alle fünf Zeilen der Fragen aus.

1. Wenn ich die Länge meines normalen Arbeitstags reduzieren könnte und nach der Arbeit mehr Freizeit hätte, würde ich diese Zeit für Folgendes nutzen:

a. _____

b. _____

c. _____

d. _____

e. _____

2. Wenn ich die Arbeit reduzieren könnte, die ich gewöhnlich am Wochenende erledige, würde ich diese Zeit für Folgendes nutzen:

a. _____

b. _____

c. _____

d. _____

e. _____

3. Wenn ich wüsste, dass ich an freien Tagen oder in den Ferien meine E-Mails und/oder meine Voice-Mails nicht abfragen und/oder nicht auf meinen Beeper reagieren müsste, würde ich diese Zeit für Folgendes nutzen:

a. _____

b. _____

c. _____

d. _____

e. _____

4. Wenn ich die Zeit verringern könnte, in der ich für andere arbeite oder verfügbar bin – und mich dabei immer noch ganz für meine Arbeit engagieren könnte –, dann hätte das wahrscheinlich folgenden Effekt auf meine Haltung und Erwartungen:

a. _____

b. _____

c. _____

d. _____

e. _____

5. Bücher, die ich gerne lesen würde, Hobbys, die ich gerne pflegen oder entwickeln würde, Orte, die ich

gern besuchen würde, oder Erfahrungen, die ich gerne machen würde, wenn ich mir am Abend und am Wochenende mehr Zeit frei nehmen könnte:

a. _____

b. _____

c. _____

d. _____

e. _____

6. Wenn ich die Zeit verringern könnte, die ich für andere arbeite oder verfügbar bin – und mich dabei immer noch ganz für meine Arbeit engagieren könnte –, dann würde sich das wahrscheinlich auf meine Beziehungen zu Menschen, die mir viel bedeuten, so auswirken:

a. _____

b. _____

c. _____

d. _____

e. _____

Nachdem Sie die Fragen beantwortet haben, gehen Sie sie noch einmal durch und markieren Sie jeweils die Antwort, die oberste Priorität hat; die Antwort also, die Ihnen die meisten Vorteile verschafft, wenn Sie die Zeit und Energie investieren, um sich in dieser Hinsicht zu ändern.

| Ihre Gesundheit |

Noch ein weiterer Punkt: Ihre Gesundheit. Der Zeitdruck, den viele von uns heute erfahren, kann so viel Stress verursachen, dass er uns nicht nur geistig, sondern auch körperlich beeinträchtigt. Dies wurde im Februar 2000 in einem Bericht der kanadischen Herzstiftung besonders deutlich, dessen Resultate sicherlich nicht auf Kanada begrenzt sind: „Zeitdruck gehört offensichtlich zu den wesentlichen Faktoren für das hohe Stressniveau, mit dem es die Kanadier heutzutage zu tun haben", heißt es dort. „Für die meisten Kanadier hat ein Tag einfach nicht genügend Stunden, damit sie all das tun können, was sie tun müssen und tun wollen", meint Dr. Rob Nolan, Sprecher der Herzstiftung und Stressexperte. „Über die Hälfte – 53 Prozent – der Befragten berichteten, dass sie nicht genügend Zeit für die Familie, für Freunde oder Partner haben oder dafür, die Dinge zu tun, die Sie tun möchten. Der Zeitdruck raubt den Leuten nicht nur die angenehme Seite des Lebens, sondern hat auch einen schlechten Einfluss auf die Herz- und Kranzgefäße."

Ich will Ihnen keine Angst machen, aber wenn das Sie dazu gebracht hat, einen Moment innezuhalten und sich mit den möglichen Folgen von Stress auf Ihre Gesundheit zu befassen, dann hat es seinen Dienst getan. Arbeit und Karriere sind wichtig, aber wir alle halten unsere Gesundheit bestimmt für wichtiger.

Ein paar Worte an Eltern

Ich fand es schon immer recht eigenartig, wenn rauchende Eltern ihren Kindern das Rauchen verbieten; das Gleiche gilt für Eltern, die den ganzen Tag vor dem Fernseher hängen und ihre Kinder dazu anhalten, frische Luft zu schnappen; Eltern, die häufiger Tatsachen verdrehen und ihre Kinder dazu erziehen wollen, immer die Wahrheit zu sagen, oder noch tragischer: Eltern, die mehr trinken, als gut für sie ist, und die ihren Kindern erzählen, sich von Drogen fern zu halten – all das hat mich schon immer in Staunen versetzt.

Die Eltern der heutigen Erwachsenen kamen vielleicht noch mit dem Spruch durch: „Tu was ich sage, und nicht was ich mache", aber heute kommt niemand mehr damit durch. Die heutigen Kinder – und zwar in jedem Alter, von der Grundschule bis zur Universität – sind viel zu weltklug und bedeutend weniger nachgiebig als ihre Eltern und Großeltern es waren.

| Die Botschaft an Ihre Kinder | Wenn Sie möchten, dass Ihre Kinder genauso gut, wenn nicht gar besser leben als Sie (und wer möchte das nicht?), dann gelingt das nicht dadurch, dass Sie sich an Ihre Arbeit ketten lassen. Arbeitnehmer, die dauernd arbeiten, wenn sie eigentlich Zeit mit der Familie verbringen sollten, vermitteln Ihren Kindern die Vorstellung, Arbeit sei das Wichtigste im Leben. Ich würde behaupten: Egal wie berechtigt man sich als Vater fühlt, am Wochenende zu arbeiten – das Kind lernt daraus, dass persönliche und familiäre Beziehungen bestenfalls den zweiten Rang im Leben einnehmen. Und ich bin mir nicht sicher, ob dies eine Botschaft ist, die man seinen Kindern vermitteln möchte.

Zeit für die Beichte

 Als unsere Kinder recht jung waren, wusste ich noch nicht, wie wichtig es war, den Computer runterzufahren und meine Arbeit zu beenden. Normalerweise arbeitete ich den ganzen Tag, kam zum Abendessen rauf, spielte am Vorabend mit den Kindern und ging dann wieder nach unten, um weiter zu arbeiten. Dann kam ich wieder hoch, um ihnen gute Nacht sagen, nahm mir oft Zeit, ihnen vorzulesen, und kehrte dann zurück in „den Abgrund", wie mein Arbeitsplatz schon bald genannt wurde.

Das Gleiche im Urlaub: Obwohl ich nie einen Laptop dabei hatte – das war Mitte der achtziger Jahre, vor der E-Mail-Lawine – hörte ich doch mindestens einmal täglich die Nachrichten vom Anrufbeantworter ab und rief die Leute dann so schnell wie möglich zurück. Es kam häufig vor, dass die gesamte Familie in den Startlöchern wartete, während ich da stand, das Telefon in der Hand, und flüsterte: „Nur noch eine Minute."

Und schließlich bemerkte ich das eigenartige Phänomen, das viele Selbstständige kennen dürften; ich nenne es „der Preis eines Arbeitsweges von 0 Metern". Man spart viel Zeit, Stress und Nervenkrieg im Verkehr, wenn man nicht jeden Tag ins Büro und zurück fahren muss – das ist das Gute. Das Schlimme ist aber, dass einem der wahrscheinlich einzige Vorteile des täglichen Arbeitsweges verloren geht: Zeit in der Pufferzone, die die Arbeit von der Freizeit trennt. Am Morgen versetzt sie einen in den richtigen Geisteszustand für die Arbeit, aber am Ende des Tages ist sie noch viel kostbarer, weil man schon ein wenig entspannt und die Arbeit hinter sich lässt, bevor man mit dem Privatleben anfängt.

Da mich mein Arbeitsweg lediglich die Treppen hinauf oder hinunter führte, kam ich häufig erst im letzten Moment zum Essen (wenn ich nicht gerade Küchendienst hatte), weil ich bis zuletzt gearbeitet hatte. Mein Körper war zwar oben, aber mein Geist war noch unten bei der Arbeit – und das wurde mir klar, weil man mich bei den Tischgesprächen eigentlich gar nicht wahrnahm. Das war nicht der Fehler meiner Frau und Kinder – es war mein Fehler, weil ihre Versuche, mich einzubeziehen, in der Vergangenheit höchstens zu einem fahrigen Nicken oder zu gedankenverlorenen, kurzsilbigen Antworten geführt hatten.

Diese Hinweise auf fehlende Grenzen brachten mich dazu (endlich, würde meine Familie sagen), über meine Prioritäten nachzudenken, insbesondere als mir auffiel, dass die Kinder mich nicht mehr um Hilfe zu baten oder darum, mit ihnen zu spielen, weil sie schon davon *ausgingen*, dass ich entweder arbeiten oder über die Arbeit nachdenken würde. Schließlich klingelten die Alarmglocken, denn meine Kinder waren mir wirklich eine Freude, und ich wollte unsere Beziehung nicht aufs Spiel setzen. Zu den schönen Seiten meiner Selbstständigkeit gehört eben auch, dass ich sie auf Klassenfahrten begleiten, ihre Aufführungen an der Schule sehen, sie beim Training unterstützen und viele andere Dinge mit ihnen tun kann, die ein Arbeitnehmer nicht so leicht tun könnte. Ich machte einen einfachen Plan:

<table>
<tr><td>Ein einfacher Plan</td></tr>
</table>

1. *Später ist besser.* Wenn ich abends noch arbeiten musste, dann erst, wenn die Kinder im Bett lagen, also zwischen 20 und 21 Uhr. Damit lief ich zwar Gefahr, meine Frau statt unserer Kinder zu vernachlässigen, was natürlich auch nicht problemlos war. Aber ich hatte das Gefühl, das dies *kurzfristig* hinnehmbar sei. (Im Laufe der Zeit änderte ich diese Gewohnheiten und arbeitete abends überhaupt nicht mehr, oder höchstens ein wenig – Leute, die zu Hause arbeiten, sollten dem Partner nicht zu viel abverlangen.)

2. *Keine Arbeit im Urlaub.* Ich beschloss, meine Arbeit auf Eis zu legen, wenn wir Ferien machten – keine leichte Entscheidung für einen Selbstständigen, der ja nichts verdient, wenn er nicht arbeitet. Die ersten Ferien, in denen ich nicht jeden Tag die Nachrichten auf dem Anrufbeantworter abrief, waren allerdings nicht *so* entspannend, wie ich erwartet hatte. Es machte mich nervös, dass mir möglicherweise gerade der Anruf durch die Lappen gehen könnte, der mich vom mühsam um Aufträge kämpfenden in einen entspannt lächelnden Selbstständigen verwandeln würde. Erst mehrere Urlaube später wurde mir klar, dass es keine Katastrophe war, nicht sofort auf alle Nachrichten zu reagieren.

Wir werden uns in Kapitel 6 noch eingehend damit befassen, aber hier sei bereits erwähnt, dass es viel leichter fällt, so etwas durchzuziehen, wenn man seine Kunden, Kollegen und andere, die möglicherweise eine schnelle Antwort erwarteten, schon weit im Vorfeld detailliert darüber informiert, wann man nicht erreichbar ist. Jemand nicht erreichen zu können, ist vielleicht frustrierend für Kunden (und finanziell schmerzlich für einen selbst), aber sie *nicht zu informieren,* wäre viel schlimmer. Ich mache mir zwar auch heute bisweilen noch Gedanken, ob ich, wenn ich gerade weg bin, nicht diesen *einen* Anruf verpasse, aber diese Sorge wird von der Bestätigung ausgeglichen, die ich von Kunden und Kollegen bekomme. Nach meiner Ansage auf dem Anrufbeantworter: „Ich mache gerade Urlaub und höre meine Nachrichten nicht ab" – hat mir schon mancher diese Nachricht hinterlassen: „Toll, dass Sie sich einen *echten* Urlaub gönnen. Ich wünschte, es ginge mir ebenso!"

3. *Ein künstlicher Nachhauseweg.* An den Tagen, wenn ich zu Hause arbeite und keinen Küchendienst habe, höre ich immer (na gut, *fast* immer) 20 bis 30 Minuten vor dem Abendessen auf zu arbeiten und komme nach oben. Ich lese Zeitung und trinke vielleicht ein Glas Wein. In dieser Zeit trenne ich mich mental von der Arbeit. Wenn wir uns dann an den Tisch setzen, bin ich in einem viel besseren Zustand – auch wenn ich keinen Wein getrunken habe – und offen fürs Familienleben.

Ich erzähle Ihnen das alles nicht, um Sie davon zu überzeugen, dass ich ein wunderbarer Vater bin; die Kinder würden Ihnen vielleicht das Gegenteil erzählen. Ich möchte hier lediglich aufzeigen, wie leicht wir alle – ob wir Eltern sind oder nicht – einem Arbeitsstil verfallen, der uns die Zeit raubt, die wir eigentlich fürs Privatleben brauchen.

Außerdem rechtfertigt man das vielleicht auch zu schnell. Man sagt sich: „Ich habe morgen ein *wirklich* wichtiges Meeting und muss mich vorbereiten." Oder: „Mein Chef erwartet, dass ich ihm heute Abend noch einige Details zu dem Budget mitteile" und so weiter.

Es gibt immer Gründe, aber die eigentliche Herausforderung besteht darin, eine neue Perspektive zu erlangen und einen Weg zu finden, wie man seinen Verpflichtungen den Kunden, Vorgesetzten, Managern und sich selbst gegenüber gerecht wird.

Es ist durchaus möglich, einander scheinbar widerstrebende Interessen in Einklang zu bringen, sofern Sie Ihre Zeitplanung richtig analysiert und beschlossen haben, wie und wo Sie Ihre Grenzen ziehen, und dies alles denen mitteilen wollen, die sich auf Sie verlassen. Und genau damit werden wir uns in den Kapiteln 4 bis 6 befassen.

Kapitel 4

Das Drei-Zonen-Modell oder wie man Arbeitszeit und Freizeit ins Gleichgewicht bringt

Denken Sie mal an all die Sprüche, mit denen wir Zeit charakterisieren: „Die Zeit fliegt", „sie läuft im Schneckentempo", „ich weiß gar nicht, wo die Zeit geblieben ist", und so weiter. Als wir jung waren, schien es ewig zu dauern, bis etwas geschah – können Sie sich noch daran erinnern, wie *lang* die Schultage erschienen? Wenn wir älter werden, legt die Zeit offenbar einen Zahn zu; bei den meisten Leuten vollzieht sich der Wechsel von der unendlich trägen bis zur schnell fliegenden Zeit an der Hochschule, beim Bund oder an einen anderen Punkt im jungen Erwachsenenleben. Wenn wir erst einmal in Rente sind, vergehen die Tage in Windeseile, und wir können nicht fassen, wo die Wochen und Monate geblieben sind.

Ganz egal, wie alt wir sind, was wir tun und in welcher persönlichen Situation wir uns befinden: die unumgängliche Tatsache bleibt, dass die Zeit für jeden gleich ist. Jede Stunde hat 60 Minuten, jeder Tag 24 Stunden und jede Woche 7 Tage. Nicht mehr und nicht weniger. Es kommt nur darauf an, wie man seine Zeit nutzt.

> Zeit ist für jeden gleich.

Jeder von uns hat am Wochenanfang einen Kredit von 168 Stunden und beendet die Woche mit 0 Stunden – und wir haben keinerlei Kontrolle darüber, wie schnell die Zeit vom Anfang der Woche bis zum Ende vergeht. Aber wir *haben* die Kontrolle darüber, wie wir diese Stunden verbringen. Stunden sind eine sehr verderbliche Ware: Wenn sie vergangen sind, kann man sie weder zurückholen noch ändern, wie man sie verbracht hat. Statt das Vergehen der Zeit zu beklagen oder zu lamentieren, man hätte sie falsch verbracht, sollte man bewusst entscheiden, wie man sie nutzen will. Nach diesem und dem nächsten Kapitel werden auch Sie in dieser Hinsicht einen eigenen Kurs gesetzt haben.

Zeitmanagement ohne „Management"

Es gibt tausende Bücher über Zeitmanagement. In den Regalen der Geschäfte für Bürowaren findet man dutzende Kalender, Planer und andere Instrumente für die Zeitplanung. Es gibt zahllose Trainings und Seminare, Kassetten, Videos oder Software und Zeitmanagement-Gurus. Es kann also keine Rede sein von einem Mangel an Tipps, Tricks und Techniken, wie man seine Zeitplanung in den Griff bekommt.

| Ihr Recht auf Freizeit |

Ich habe keinerlei Problem mit den verschiedenen Autoren, Beratern und Experten zu diesem Thema und gebe gern zu, von Alan Lakein, einem der ersten Autoren in diesem Bereich, profitiert zu haben. Sein Buch *How to Get Control of Your Time and Your Life** (erstmals 1973 veröffentlicht und seither mehrfach überarbeitet) gehört zu den besten und pragmatischsten Methoden, die ich je gesehen habe. Aber viele andere scheinen mir ein wenig verkürzt, da sie Managementtechniken hervorheben, statt darauf hinzuweisen, was im Kontext dieses Buches so wichtig ist: das grundlegende *Recht* auf Freizeit.

Dieses Buch handelt nicht davon, wie Sie Ihren Papierkram effizienter organisieren, Meetings effektiver gestalten oder den zahllosen Dingen, die Sie heute noch erledigen müssen, Prioritäten zuteilen. Das sind alles wichtige

---

* Wie man seine Zeit und sein Leben in den Griff bekommt (Nicht in deutscher Übersetzung erhältlich; Anm. d. Übersetzers)

Aufgaben. Aber in diesem Buch geht es darum, was Sie tun müssen, *bevor* Sie zum Experten für effizientes Arbeiten werden. Das Beste aus seinen Arbeitsstunden zu machen ist sicherlich wichtig, aber es ist meines Erachtens bedeutend wichtiger zu entscheiden, wie viele Stunden man überhaupt arbeiten will.

Das Drei-Zonen-Modell verstehen

Vielleicht sind auch Ihre Tage, Abende, Wochentage und Wochenenden zu einem großen, undifferenzierten Zeitbrei verschmolzen. Dann ist die traditionelle, eindeutige Grenze zwischen Tag und Nacht, zwischen den Arbeitstagen und der Freizeit am Wochenende wahrscheinlich ziemlich nebulös und durchlässig geworden, wenn sie nicht schon gänzlich verschwunden ist.

In der Folge haben Sie vielleicht das Gefühl, es gäbe kaum noch Stunden oder gar ganze Tage ohne „Bereitschaftsdienst."

„Bereitschaftsdienst"

Das heißt ja nicht, dass Sie buchstäblich „Bereitschaftsdienst" hätten, wie ein Arzt zum Beispiel, der um unvorhersehbare, aber dringende Dienstleistungen gebeten wird. Bei den meisten Leuten heißt es vielmehr, dass sie sich verpflichtet fühlen – und vielleicht auch sind – jeden Anrufe entgegenzunehmen und sofort auf den Beeper zu reagieren, und dass sie außerdem alle paar Stunden ihre Voice-und E-Mails abarbeiten müssen.

Beachten Sie bitte, dass ich hier unterscheide zwischen Aktivität, bei der Sie sich hinsetzen und arbeiten (etwa einen Bericht schreiben oder ein Budget analysieren) und dem Zustand, elektronisch an seinen Job gefesselt zu sein. Die Menge an Arbeit – wegen der man sich manchmal abends oder am Wochenende an den Laptop setzt – ist sicherlich ein Grund, weshalb immer mehr Freizeit von Arbeit verdrängt wird. Aber bei den meisten Leuten ist es die Folge der Einführung der elektronischen „Wunder": Beeper, Handys und E-Mail. Es ist diese Verfügbarkeit, bei der jeder jederzeit Kontakt zu einem aufnehmen kann, die einem das Gefühl raubt, ein wenig Zeit für sich zu haben.

| Eine dritte Zone |

Die meisten Menschen meinen, sie hätten entweder *Dienst* (an der Arbeitsstelle) oder aber sie hätten *dienstfrei*, wenn sie zu Hause sind und nicht arbeiten. Solche Gegensatzpaare sind leicht verständlich und helfen uns, unsere Zeit einzuteilen. Allerdings hilft diese Sichtweise einem nicht, mit der Grauzone dazwischen umzugehen – mit den Zeiten oder Tagen, an denen man weder vollständig *Dienst* hat noch wirklich *dienstfrei* ist. Diese Grauzone müssen wir erforschen. Diese beiden Extreme, Dienstzeit und Freizeit, und die Grauzone dazwischen ergeben jene *drei Zonen*, mit denen wir uns jetzt befassen werden.

Ein Ausflug in die chemische Reinigung

Ich möchte die drei Zonen an einem Beispiel erläutern, das Ihnen im ersten Moment vielleicht seltsam vorkommt: die chemische Reinigung in meiner Nachbarschaft. Wenn wir uns die Entscheidungen des Besitzers zu seinen Öffnungszeiten und Dienstleistungen ansehen, verstehen Sie die Möglichkeiten und Entscheidungen, die vor Ihnen liegen, sicherlich besser – auch wenn Sie nicht in dieser Branche tätig sind.

Diese chemische Reinigung hat montags bis freitags von 7 bis 18 Uhr geöffnet und samstags von 8 bis 17 Uhr. Bringt man seinen Anzug dienstags vor 10 Uhr hin, bekommt man ihn am gleichen Tag um 17 Uhr gereinigt zurück – wir wollen diese Zeit „Dienstzeit" nennen. Sonntagmorgens um 10 Uhr kann man nichts bringen, denn dann ist die Reinigung geschlossen und hat „dienstfrei." Bringt man seinen Anzug allerdings Samstagmorgen um

10 Uhr hin, kann man ihn erst wieder am *Montag* um 17 Uhr abholen, obwohl die Reinigung samstags fast genau so lange offen hat wie in der restlichen Woche. Das liegt daran, dass die Reinigung samstags mit weniger Mitarbeitern auskommen muss (und 2 Stunden kürzer offen hat) und die Maschinen an diesem Tag nicht eingeschaltet werden. So hält der Besitzer die Kosten im Griff (Arbeitskosten, Strom und Maschinen), ist allerdings dennoch für die Kunden da. Wir könnten dies „bedingte Dienstzeit" nennen.

Der Zweck dieses kleinen Ausflugs war nicht, die Geschäftspraktiken der chemischen Reinigung zu analysieren oder zu klären, ob die Entscheidungen des Besitzers, was die Öffnungszeiten und Dienstleistungen betrifft, in Ordnung sind. Der Zweck war vielmehr aufzuzeigen, wie er die *drei Zonen* über die Woche verteilt hat.

Er hätte seine vollständige Dienstleistung auch 7 Tage die Woche anbieten können, aber dann wären seine Kosten bedeutend höher, und seine Mitarbeiter und er hätten kaum Freizeit. Andererseits hätte er auch beschließen können, nur fünf Tage die Woche eine umfassende Dienstleistung anzubieten und am Wochenende ganz zu schließen. Das hätte seine Kosten zwar gesenkt, aber möglicherweise viele Kunden verprellt.

So kann man diese Möglichkeiten analysieren:

Analyse

Optionen	Auswirkung auf die Einnahmen	Auswirkung auf die Ausgaben	Auswirkung auf die Kundenmeinung	Freizeit für mich und die Mitarbeiter
durchgehend geöffnet	prima	schlecht	prima	schlecht
5 Tage geöffnet	schlecht	prima	schlecht	prima
6 Tage geöffnet	akzeptabel	akzeptabel	akzeptabel	akzeptabel

Mit der „bedingten Dienstzeit" am Samstag halten sich die Vor- und Nachteile offensichtlich in einem akzeptablen Gleichgewicht, so dass er sich dafür entschlossen hat. (Ich habe dies nicht mit dem Eigentümer des Geschäftes besprochen und weiß auch nicht, ob er diese einigermaßen detaillierte Analyse gemacht hat. Dennoch hat er sich dies alles sicherlich gut überlegt.)

Von Anzügen und Hosen zu E-Mail und Voice-Mail

Verlassen wir nun die Welt der chemischen Reinigung und kehren in die Arbeitswelt zurück. Die Implikationen dieser Form der Entscheidungsfindung dürften etwa wie folgt aussehen:

| **Zeitliche Unterschiede** |

1. *Zeit ist nicht unbedingt austauschbar.* Wir haben bereits gesehen, dass die Tage, Abende, Arbeitstage und Wochenenden für viele Menschen zu einem großen Zeitbrei verschmolzen sind. Das hat vielleicht ein paar Vorteile, birgt aber auch Risiken.

Die Zeit als austauschbar zu betrachten heißt, sich des Unterschieds zwischen Tag und Abend, Arbeitstag und Wochenende zu berauben, des Unterschieds zwischen Arbeitszeit und Freizeit. Die Technik ermöglicht es einem, abends zu Hause genauso zu arbeiten wie tagsüber im Büro – aber diese beiden Arbeitsperioden sollten nicht miteinander vermischt oder gar verschmolzen werden.

Als erstes muss man über das Ausmaß nachdenken, in dem die eigene Zeiteinteilung schon zu einem undifferenzierten Brei geworden ist. Solange Sie nicht der gefragteste Neurochirurg im ganzen Land sind oder der Offizier mit dem Atomkoffer oder die einzige Person im Unternehmen mit dem Schlüssel zu den wichtigsten Geheimnissen – solange gibt es keinerlei Grund, nicht ein paar der 168 Stunden, die die Woche lang ist, zum Tabubereich zu erklären, den Sie für keine andere Stunde austauschen werden.

2. *Sie* haben *mehrere Optionen.* Der Eigentümer der chemischen Reinigung kann frei entscheiden, wann er seinen Laden öffnen möchte. Er trifft diese Entscheidungen anhand der oben angedeuteten Faktoren und aufgrund dessen, was die Konkurrenz und andere Läden in seiner Nähe machen. Die Öffnungszeiten am Samstag und die dann verfügbaren Dienstleistungen sind anders als in der restlichen Arbeitswoche, und zwar aufgrund konkreter Entscheidungen des Eigentümers.

> Wahlfreiheit

 Das erinnert mich an meinen Vater, der über 30 Jahre lang einen kleinen Eisenwarenladen betrieb. Er stand immer im Laden, von 7:30 Uhr morgens bis 6 Uhr abends, montags bis samstags. Ich konnte nie verstehen, weshalb er sich an diese Arbeitszeit hielt, und habe es als Kind ab und zu verflucht. Erst sehr viel später habe ich verstanden, weshalb er all die Zeit am Laden klebte: Dienst am Kunden war außerordentlich wichtig für ihn, lange bevor das zum Trend wurde.

Er wusste, was es bedeutete, für den Zimmermann, der ein paar Nägel brauchte, schon um 7:30 Uhr da zu sein, und abends um 6 Uhr (oder später) für den Kunden, der noch eilig ein bisschen Farbe kaufte, die er am nächsten Tag in der Schule brauchen würde. Und er verstand auch, weshalb er für den Bauern da sein musste, der an einem kalten Sonntagnachmittag im Winter um 4 Uhr vorbeikommen wollte, weil er ein Teil für das Heizgerät im Stall brauchte, damit sein Vieh in der Nacht nicht erfror.

Nachdem ich von zu Hause wegzog, und ganz besonders, nachdem mein Vater kürzlich verstarb, wurde mir klar, wie sehr ihn seine Nachbarn und Kunden geschätzt und respektiert hatten. Er hatte sich nicht als Märtyrer betrachtet, obwohl er sicherlich dann und wann gerne länger geschlafen oder mal einen Samstag frei genommen hätte – das kam vor, aber äußerst selten und nur im Notfall. Aber er hat seine Entscheidungen getroffen und sie erst spät in seinem Leben den eigenen Bedürfnissen ein wenig mehr angepasst.

Wir müssen alle eine Entscheidung treffen: die Entscheidung, wie viele dieser 168 Stunden wir mit Arbeit und damit verbringen möchten, über unsere Arbeit nachzudenken und für Anrufe bereit zu stehen. Ich glaube nicht, dass die meisten Leute so wenig Einfluss auf diese Entscheidung haben, wie sie selbst gerne glauben möchten. Vielmehr haben sie oftmals Entscheidungen getroffen, ohne dass es ihnen bewusst war. Wir glauben, wir hätten keine Optionen, nur weil wir Angst haben, den Job zu verlieren oder weil mir meinen, man könnte uns für jemand halten, der sich seinem Job, Arbeitgeber oder Kunden nicht verpflichtet fühlt. Und uns ist nicht klar, dass, wenn wir keine Entscheidung treffen, diese bereits für uns getroffen worden ist.

Die drei Zeitzonen und die „Dienstzeit"

Sie müssen zwei Entscheidungen treffen, wenn Sie den Umgang mit Freizeit und Arbeitszeit ändern möchten. Dazu müssen Sie die Woche in drei Zonen einteilen und außerdem entscheiden, in welchem Ausmaß Sie in der jeweiligen Zone „in Bereitschaft" sein wollen.

Wir gehen davon aus, dass Sie Ihre Arbeit hauptsächlich montags bis freitags verrichten, und zwar von 8 bis 17 Uhr. Das ist natürlich nur ein Anhaltspunkt.

Als Erstes definieren Sie die drei Ebenen der „Dienstzeit", die Sie dann über die 168 Stunden der Woche (und über die sonstigen freien Tage und Ferien) verteilen. Im Beispiel mit der chemischen Reinigung war montags bis freitags täglich von 7 bis 18 Uhr zu 100 Prozent „Dienstzeit". Den ganzen Sonntag war der Laden geschlossen, also „dienstfrei", und am Samstag war er, sagen wir mal, zu 60 Prozent geöffnet, und zwar von 8 bis 17 Uhr.

Die folgende Grafik (Bild 1) bildet diese Entscheidungen ab. Die drei Ebenen der „Dienstzeit" werden durch unterschiedliche Grautöne dargestellt. Oben finden Sie jeweils Abschnitte von einer Stunde und links die sieben Tage der Woche.

In dieser Grafik wurden alle 168 Stunden der Woche berücksichtigt, obwohl wir bis jetzt nur über die Stunden gesprochen haben, in denen die chemische Reinigung offen ist. Der Laden hat selbstredend in der Woche von 18 Uhr abends bis 7 Uhr morgens „dienstfrei", am Samstag zwei Stunden mehr und sonntags ganz.

Vielleicht erledigt der Besitzer der chemischen Reinigung, wie andere Eigentümer eines kleinen Unternehmens, am Abend oder auch am Sonntag einen Teil des Papierkrams, und daher ist es nicht ganz korrekt, diese Zeit „dienstfrei" zu nennen. Ich habe dies dennoch getan, weil es hervorhebt, dass die Begriffe „Dienstzeit" und „dienstfrei" sich vor allem auf Mitarbeiter und Kunden/Klienten beziehen. Wir werden uns später noch mit Überstunden befassen, aber für den Moment wollen wir davon ausgehen, dass sich die Arbeitsstunden bei der chemischen Reinigung nur auf die Zeiten beziehen, in denen Kundenkontakt besteht.

Abbildung 1

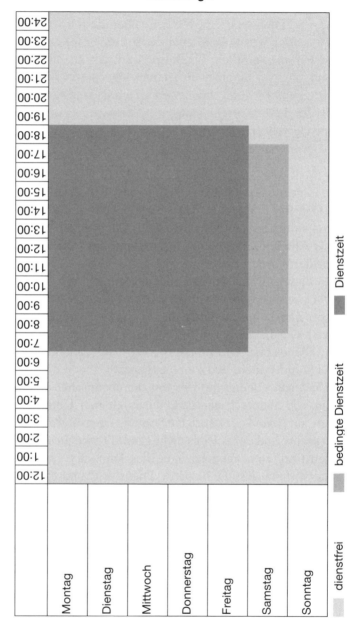

Beachten Sie bitte die folgenden drei Punkte:

- Die drei Zonen umfassen alle 168 Stunden der Woche.
- Die drei unterschiedlichen Schattierungen zeigen auf einen Blick, wie viel Zeit den verschiedenen „Dienst-Ebenen" zugewiesen wurde.
- Nur die Zeiten, in denen das Geschäft offen ist und den Kunden die gesamte Palette der Dienstleistungen bietet, gelten als 100-prozentige „Dienstzeit". Das heißt nicht unbedingt, dass die ganze Zeit hindurch Kunden im Laden sind, obwohl der Besitzer das sicherlich gerne hätte. „Dienstzeit" meint also die Periode, in der man anderen zur Verfügung steht und problemlos erreichbar ist. Auf gleiche Weise werden Sie im nächsten Kapitel Ihre Zeitzonen hauptsächlich danach definieren, ob von Ihnen erwartet wird, sofort auf E-Mails, Anrufe und den Beeper zu reagieren.

Weshalb steht bei „bedingte Dienstzeit" 60 Prozent, und nicht 40, 75 oder 90 Prozent?

Das ist eine gute Frage. Was 100-prozentige „Dienstzeit" und „dienstfrei" bedeuten, ist leicht verständlich, aber die Zone von 60 Prozent (im Beispiel) ist weniger klar. Diese 60 Prozent sollen lediglich anzeigen, dass man weder zu 100 Prozent „Dienst" hat, noch völlig „dienstfrei" ist. Ich habe mich in unserem Beispiel für 60 Prozent entschieden, da die Dienstleistung reduziert ist, wenn der Kunde seine Wäsche nur abgeben oder abholen kann. Dennoch liegt sie über 50 Prozent, da der Laden mehr als die Hälfte seiner Dienstleistungen anbietet.

Damit will ich sagen, dass Sie jede Zahl nehmen können, die in Ihrem Fall sinnvoll erscheint: 30 Prozent, 80

Prozent, 67 Prozent etc. Wenn Sie wollen, können Sie den Prozentsatz sogar ganz außer Acht lassen und die Zonen A, B und C nennen oder 1, 2 und 3, oder wie es Ihnen am besten gefällt. Es geht hier nur darum zu erforschen, wie Sie über die Zeit im Allgemeinen denken. Für die Periode „bedingter Dienstzeit" bedeutet das: „In dieser Zeit arbeite ich zwar, aber ich bin weder so leicht erreichbar und verfügbar, noch reagiere ich so schnell wie in meiner normalen Dienstzeit."

| Eine neue Sichtweise | Diese mittlere Zonen hat es in sich, denn sie eröffnet Ihnen wahrscheinlich eine neue Sicht auf Ihre Arbeitslast und Verfügbarkeit. Im Allgemeinen denken wir, dass wir entweder arbeiten oder aber nicht, und normalerweise berücksichtigen wir die Grauzone zwischen diesen beiden Bereichen nicht (bewusst wenigstens). Diese mittlere Zone verschafft Ihnen in einer ansonsten mit Arbeit gefüllten Woche ein wenig Luft zum Atmen. In Kapitel 5 werden wir uns damit befassen, wie diese Zone „bedingter Dienstzeit" in Ihren Arbeitsplan passt.

Kapitel 5

Das Drei-Zonen-Modell in der Praxis

Nun ist es an der Zeit, vom Konzept zur Praxis zu schreiten und *Ihre* 168 Stunden aufzuteilen. Wir fangen mit dem Grundriss einer normalen Woche an und werden dann sehen, wie man diesen Plan an Geschäftsreisen, freie Tage, den Urlaub und andere Abweichungen der gewöhnlichen Arbeitswoche anpassen kann.

Einen persönlichen Arbeits- und Zeitplan erstellen
Schritt 1: Definieren, was „Dienstzeit" in Ihrem Fall bedeutet

Es scheint offensichtlich, aber dennoch: Dienstzeit heißt, dass Sie zu 100 Prozent verfügbar, erreichbar und bereit sind, Ihre Arbeit zu verrichten. Es bedeutet allerdings nicht, dass Sie jede Minute arbeiten. Aber natürlich verrichten Sie in dieser Periode die meiste Arbeit. Und außerdem können andere sich darauf verlassen, Sie vorzufinden, zu erreichen oder in kürzester Zeit von Ihnen kontaktiert zu werden, wenn sie eine Nachricht hinterlassen.

Auszeit: Dienstleistungsniveaus

Der letzte Absatz ist nicht sehr eindeutig – es heißt beispielsweise „die meiste Arbeit" oder „können sich darauf verlassen" und „in kürzester Zeit." Darum sollten wir vielleicht klären, was das bedeutet – es geht hier eigentlich um „Dienstleistungsniveaus."

Dieser Begriff wird unter anderem bei Telefondienst-leistern verwendet. Ein Beispiel aus einer Vereinbarung über Dienstleistungsniveaus: „Alle Nachrichten, die von Montag bis Freitag zwischen 8 und 18 Uhr eingehen, wer-den innerhalb von 15 Minuten bearbeitet." Das soll natürlich nicht heißen, dass Sie es bei Ihrer Tätigkeit auch so genau nehmen müssten, obwohl es vielleicht für Sie selbst und Ihre Kunden oder Kollegen nützlich wäre.

Seien Sie genau!

Einige Vorteile einer genaueren Angabe der Dienstleistungsniveaus:

- Die Chance, dass unterschiedliche Definitionen von Begriffen wie „bald" und „sich verlassen können" gute Arbeitsbeziehungen behindern, wird bedeutend verringert. Mal angenommen, wir arbeiten zusammen, und ich überprüfe meine E-Mails jede halbe Stunde und Sie alle 2 Stunden. Jeder von uns hält sei-nen Zeitabstand für richtig, aber wir werden uns sehr wahrscheinlich irgendwann in die Haare kriegen, weil ich das Gefühl habe, Sie überprüften Ihren E-Mail-Eingang nicht häufig genug und Sie meinen wahr-scheinlich, ich übertreibe ganz gewaltig. Wir müssen also eine gemeinsame Definition finden.
- Sie legen sich darauf fest, was man von Ihnen in den Zeitzonen „dienstfrei" und „bedingte Dienstzeit" er-warten kann. Das Drei-Zonen-Modell beruht darauf, Perioden zu definieren, in denen wir *weniger* schnell reagieren und *nicht so leicht* erreichbar sind als in nor-malen Arbeitszeiten. Das geht viel leichter und ver-nünftiger, wenn man genau definiert, was „weniger schnell" und „nicht so leicht" im Vergleich zur norma-len Dienstzeit heißt, wo Sie 100-prozentig verfügbar sind.

Auch für andere

Man legt diese Parameter nicht nur für sich selbst fest (um sich ein paar Atempausen zu verschaffen), sondern auch für andere. Die Mitteilung, dass Sie Ihre E-Mail in der normalen Arbeitszeit „häufig" oder „oft" abrufen und am Abend oder Wochenende „nicht so häufig" oder „weniger oft", reicht nicht. Das öffnet Missverständnissen Tür und Tor.

Zurück zu: Definieren, was „Dienstzeit" in Ihrem Fall bedeutet

Nehmen Sie sich ein wenig Zeit und notieren Sie das Dienstleistungsniveau für Ihre normale „Dienstzeit." Das sind natürlich Zielvorstellungen, und sie gelten, solange nicht etwas anderes, Wichtigeres dazwischen kommt. Sie könnten beispielsweise festlegen, dass Sie Ihre E-Mails einmal pro Stunde abrufen; stecken Sie aber in einem zweistündigen Meeting, dann werden Sie zwischendurch wohl kaum Ihre E-Mails abrufen, nur weil Sie es ja eigentlich einmal pro Stunde tun wollten:

- Überprüfe E-Mails alle _____ Minuten/Stunden.
- Überprüfe Voice-Mails alle _____ Minuten/Stunden.
- Reagiere auf Beeper innerhalb von _____ Minuten.
- Kontinuierliche Arbeit am Computer* nie länger als _____ Minuten/Stunden.

---

* Bisher hat der Nachdruck vor allem auf Aktivitäten gelegen, die mit Ihrer Erreichbarkeit und Verfügbarkeit zu tun haben. Einige Leser könnten – vielleicht auf Empfehlung ihrer Kollegen oder Familienmitglieder – diesen 4. Punkt hinzufügen und die Zeit angeben, die sie am Computer verbringen. Auch wenn diese Arbeit nichts mit der Beantwortung von E-Mails zu tun hat, ist es dennoch keine Freizeit. Ein weiterer Grund für Grenzen an dieser Stelle sind mögliche körperliche Verspannungen durch die lange Arbeit am Computer; daher verdient dieser Punkt Ihre Aufmerksamkeit genauso wie die anderen drei.

Technologische Fragen

Während Sie sich Gedanken über Zeiten und in Dienstleistungsniveaus machen, hier ein paar Worte über heutige Technologien.

In manchen Unternehmen signalisiert der Computer, dass eine neue E-Mail eingegangen ist. Die Tatsache, dass jemand Ihnen eine E-Mail geschickt hat (und damit ein Signal Ihres Computers auslöst), bedeutet natürlich nicht, dass Sie Ihre Tätigkeiten sofort unterbrechen und die E-Mail öffnen müssen – obwohl Sie das natürlich tun können. Ein Grund, weshalb Sie sich auf ein bestimmtes Intervall festgelegt haben, liegt ja darin, dass Sie selbst bestimmen wollen, wann Sie Ihre laufenden Tätigkeiten unterbrechen und auf das Signal reagieren wollen.

Auch das müssen Sie bei der Festlegung Ihres Dienstleistungsniveaus berücksichtigen. Der Vorteil eines Signals bei eintreffender E-Mail liegt natürlich darin, dass man nun weiß: eine Nachricht wartet. Der Nachteil ist jedoch, dass dieses Signal Ihre derzeitigen Tätigkeiten unterbrechen kann und Sie, wenn Sie nicht aufpassen, den ganzen Tag mit den Unterbrechungen zugange sind statt mit Ihrer normalen Arbeit. In einigen Abteilungen oder Teams kümmert man sich sofort um eingegangene E-Mails, aber das könnte sich im Laufe der Zeit als schlechte Politik erweisen, weil durch die stetige Zunahme der E-Mails irgendwann keine Zeit mehr für andere Tätigkeiten bleibt.

Prioritäten zuweisen

In einigen Arbeitsgruppen löst man dieses Problem, indem man den verschiedenen Kommunikationsanforderungen jeweils eine bestimmte Priorität zuweist. Das ist besonders dann wichtig, wenn die Gruppe übers ganze Gebäude verteilt ist oder, noch schlimmer, an vielen Orten und beispielsweise aus Vertretern, Tele-Arbeitern und weiteren mobilen Arbeitskräften besteht. Solch eine Prioritätenliste nach Dringlichkeit könnte wie folgt aussehen:

1. Persönliches Aufsuchen am Schreibtisch
2. Anruf
3. Beeper
4. Voice-Mail
5. E-Mail
6. Fax

Eine über mehrere Orte verteilte Arbeitsgruppe berücksichtigt vielleicht die erste Option nicht und die zweite auch nur dann, wenn alle mobilen Mitarbeiter ein Handy haben. Aus diesem Grund ist der Beeper so wichtig, obwohl er in manchen Fällen durch modernste Handys ersetzt wurde, mit denen man (innerhalb eines begrenzten Bereichs) miteinander kommunizieren kann wie mit einem Walkie-Talkie.

Einige Arbeitsgruppen verfeinern diese Prioritätenliste noch weiter. So könnte eine Gruppe die obige Liste vereinbaren und zu-

> **Noch genauere Prioritäten**

sätzlich, dass jedes Mitglied der Gruppe sich spätestens nach einer halben Stunde meldet, wenn es von einem anderen angebeept wird. Wobei sich jeder so schnell wie möglich meldet, wenn ein entsprechender Code auf dem Beeper erscheint.

Ich beleuchte diese technischen Fragen hier eingehend, weil wir mit immer mehr höchst funktionalen Kommunikationsmitteln konfrontiert sind. Sie können diese Arbeitsmittel besser verwenden, wenn Sie sich die entsprechenden Möglichkeiten detailliert vor Augen führen.

Einen persönlichen Arbeits- und Zeitplan erstellen
Schritt 2: Definieren, was „dienstfrei" in Ihrem Fall bedeutet

Nachdem Sie festgelegt haben, was „Dienstzeit" in Ihrem Fall bedeutet, legen Sie im nächsten (und leichteren) Schritt das andere Ende des Spektrums fest. Wenn „Dienstzeit" bedeutet, zu 100 Prozent verfügbar und erreichbar zu sein, dann bedeutet „dienstfrei", weder verfügbar noch erreichbar zu sein. Kurz gesagt: das ist die Zeit, in der Sie weder für Ihren Chef, noch für Ihre Kollegen und/oder Kunden existieren.

| Seien Sie konsequent! |

Ich empfehle und habe für mich selbst festgelegt: „dienstfrei" *ist wirklich* „dienstfrei". Also nicht: „Ich arbeite wahrscheinlich nicht, aber wenn Sie mich *wirklich* brauchen, können Sie mich anrufen" oder: „Ich werde meinen Anrufbeantworter wahrscheinlich nicht abhören und auch meine E-Mails nicht abrufen oder nur wenn ich ein wenig Zeit übrig habe." Wenn Sie schwammig sind und anderen vermitteln, dass Sie „nicht arbeiten, außer es ist wirklich wichtig", dann werden Kunden oder Kollegen diese Bresche nutzen, die Sie selbst in den Verteidigungswall um Ihre Freizeit gesprengt haben.

Ich weiß nicht, wie Ihre Arbeit aussieht, wie dringend etwas sein kann. Wenn es unrealistisch ist, „dienstfrei" als 0 Prozent Arbeit zu definieren, sollten Sie genau festlegen, wo Sie diese kleinen Öffnungen im Verteidigungswall anbringen. So hat Ihr Chef wahrscheinlich Ihre Privatnummer und würde sie am Sonntagnachmittag benutzen, wenn es lebensnotwendig für die Firma wäre – und dann würde es Ihnen wahrscheinlich auch nichts ausmachen.

Ich will hier lediglich darauf hinweisen, dass sich solche kleinen Öffnungen nach und nach weiten können, und zwar ohne jede böse Absicht. Wenn Sie wachsam sind und für Ihre Interessen eintreten, falls solche „lebensnotwendigen" Situationen immer häufiger werden, dann können und sollten Sie sich auf einer solch begrenzten Basis vielleicht verfügbar machen.

Es ist aber wichtig, sich das ziemlich genau zu überlegen. Wenn ich wirklich dienstfrei habe, versetzt mich das in einen anderen Zustand, weil ich überhaupt nicht mehr an Arbeit denke.

Wie lang ist es her, seit Sie:

- den Beeper ausgeschaltet und weggelegt haben;
- das Handy ausgeschaltet und weggelegt haben;
- nicht mehr gleich zusammenzucken, wenn am Wochenende das Telefon klingelt, weil Sie sich fragen, ob es Arbeit bedeutet;
- sich nicht schuldig fühlen, obwohl Sie am Wochenende, an Feiertagen oder gar im Urlaub Ihre Voice-Mails und E-Mails nicht regelmäßig abrufen?

Wenn Sie wie die meisten Menschen sind, dann hatten Sie schon lange nicht mehr den puren Genuss völlig abzuschalten, weil Sie weder verbunden noch verfügbar waren. Vielleicht bezweifeln Sie ja auch, dass es überhaupt noch möglich ist, außer zwischen 1 und 5 Uhr nachts uneingeschränkt dienstfrei zu haben. Es ist unmöglich, solche unguten Gedanken völlig loszuwerden, aber ich empfehle Ihnen, sie doch einmal gegen das gute Gefühl abzuwägen, es einfach zu tun.

Füllen Sie nun folgende Richtlinien in Bezug auf Ihre „dienstfreie" Zeit aus:

- Überprüfe E-Mails alle _____ Minuten/Stunden.
- Überprüfe Voice-Mails alle _____ Minuten/Stunden.
- Reagiere auf Beeper innerhalb von _____ Minuten.
- Kontinuierliche Arbeit am Computer nie länger als _____ Minuten/Stunden.

„Moment mal", dachten Sie vielleicht beim Ausfüllen der vier Punkte, „weshalb sollte ich das überhaupt ausfüllen? Es geht doch um ‚dienstfrei' und nicht um Arbeitszeit." Das ist ganz richtig, und aus diesem Grund sollten Sie die obigen Fragen mehr oder weniger so beantwortet haben:

Überprüfe E-Mail ~~alle _____ Minuten/Stunden.~~ **überhaupt nicht**
Überprüfe Voice-Mail ~~alle _____ Minuten/Stunden.~~ **überhaupt nicht**
Reagiere auf Beeper ~~innerhalb von _____ Minuten.~~ **überhaupt nicht**
Kontinuierliche Arbeit am Computer ~~nie länger als _____ Minuten/Stunden~~. **überhaupt nicht**

Überhaupt nichts tun?!

Ist es wirklich so einfach? Kann man wirklich einfach überhaupt nichts tun? Das können nur Sie selbst beantworten. Aber wenn Sie so abschalten können, haben Sie eine Zeitzone geschaffen, die wirklich nur Ihnen gehört und niemand sonst, und keine Arbeit funkt Ihnen dazwischen. Klingt verlockend, oder?

Es ist mehr als das – es ist *möglich*, so lange Sie es richtig angehen. In Kapitel 6 werden wir uns näher damit befassen, das Drei-Zonen-Modell umzusetzen, ohne sofort gefeuert zu werden oder seine besten Kunden zu verlieren. Im Moment geht es lediglich darum zu entscheiden, ob Sie wenigstens ein paar Stunden Ihrer Arbeitszeit in Freizeit verwandeln können. In Kürze werden wir einen entsprechenden Plan ausarbeiten. Ich hoffe im Moment nur, Sie sind mit mir der Meinung, dass man ein hart arbeitender und zuverlässiger Mitarbeiter (oder Unternehmer) sein kann und trotzdem außerhalb seiner Schlafenszeit ein wenig Freizeit haben darf.

Einen persönlichen Arbeits- und Zeitplan erstellen
Schritt 3: Definieren, was „bedingte Dienstzeit" in Ihrem Fall bedeutet

Jetzt werden Sie möglicherweise (ein wenig) gefordert: wie mit der Grauzone zwischen den beiden Extremen umgehen? Viele Menschen haben Schwierigkeiten mit Zwischenbereichen; die meisten von uns begrüßen das Motto: alles in Maßen – bis es darum geht, einen statt drei Kekse zu essen, oder das Fitness-Training abzubrechen, wenn man müde ist und nicht erst, wenn man völlig am Ende ist.

Hier zeigt sich, wie gut es ist, die beiden Extreme genau zu definieren. Denn dadurch wird klar ersichtlich, inwieweit sich die „bedingte Dienstzeit", in der Sie zu etwa 60 Prozent verfügbar sind, von der „Dienstzeit" und „dienstfrei" unterscheidet. Wenn Sie beispielsweise Ihre Voice-Mails in der Woche (100 Prozent Dienstzeit) jede Stunde einmal abrufen und am Wochenende (dienstfrei) überhaupt nicht, dann rufen Sie sie in der „bedingten Dienstzeit" vielleicht alle drei Stunden ab.

Beachten Sie, dass Ihre Definition der „bedingten Dienstzeit" darauf beruhen sollte, wie viel *weniger* Dienst

Sie haben als normal (100-prozentige Dienstzeit). Abhängig von Ihrer beruflichen, persönlichen und familiären Situation könnte Ihre „bedingte Dienstzeit" zum Beispiel 80 Prozent betragen. In diesem Falle hieße das: Wenn Sie Ihre E-Mails in der Woche (100 Prozent Dienstzeit) jede Stunde abrufen und am Wochenende (dienstfrei) überhaupt nicht, könnten Sie sie während der „bedingten Dienstzeit" etwa alle 90 Minuten abrufen, *solange* Sie der Meinung sind, Sie müssten in dieser Periode zu 80 Prozent verfügbar sein.

Nutzung der Drei-Zonen-Grafiken

Wir benutzen im Verlauf des Kapitels eine Reihe Grafiken mit dem gleichen Aufbau wie in Kapitel 4. Wegen der Öffnungszeiten der chemischen Reinigung an ungeraden Stunden war die Grafik in Kapitel 4 in stündliche Intervalle unterteilt. Die Grafiken in diesem Kapitel wurden jedoch in Intervalle von 2 Stunden aufgegliedert; Sie können das gegebenenfalls an Ihre Bedürfnisse anpassen.

Die Grafiken zeigen in aufsteigender Reihenfolge eine typische, in drei Zeitzonen unterteilte Arbeitswoche. Später haben Sie dann selbst die Möglichkeit, auf der Basis Ihrer Daten und Situation eine eigene Grafik anzufertigen.

Sie werden sehen, wie nützlich diese Grafiken sind. Nutzen Sie die im Buch abgebildeten oder machen Sie sich ein paar Fotokopien. Dabei sind deren Maße oder das Aussehen nicht so wichtig – sie sollen Ihnen nur als Ausgangspunkt dafür dienen, die eigenen Zeitzonen zu entwickeln. Sie sollten auf jeden Fall eine Grafik Ihres eigenen Drei-Zonen-Modells erstellen – dann werden Sie viel mehr von diesem Planungsprozess haben.

Es ist jetzt an der Zeit, zwei Entscheidungen zu fällen:

1. Was heißt „bedingte Dienstzeit" in Ihrem Fall? Sind es die 60 Prozent, die ich immer wieder genannt habe, oder sind es mehr oder auch weniger? Notieren Sie Ihren Prozentsatz hier: _____
2. Auf der Basis dieser Zahl: In welchem Ausmaß sind Sie verfügbar, und wie schnell möchten Sie auf Anfragen reagieren? Legen Sie das nun fest:

- Überprüfe E-Mails alle _____ Minuten/Stunden.
- Überprüfe Voice-Mails alle _____ Minuten/Stunden.
- Reagiere auf Beeper innerhalb von _____ Minuten.
- Kontinuierliche Arbeit am Computer nie länger als _____ Minuten/Stunden.

Eine Übersicht

Herzlichen Glückwunsch! Sie haben jetzt fast alles Nötige getan, um Ihre Zeit wieder in den Griff zu bekommen. Geben Sie zunächst die Daten der drei Zeitzonen in die Tabelle auf Seite 104 ein, also Ihre „Dienstzeit", „bedingte Dienstzeit" und wann Sie „dienstfrei" haben. Notieren Sie die Intervalle/Dauer der vier Aktivitäten (Spalte links) für alle drei Zeitzonen – und vergessen Sie nicht, Ihren Dienstleistungsniveau-Prozentsatz in der oberen Zeile bei „bedingte Dienstzeit" einzutragen.

Vielleicht sieht das nicht so aus, als hätten Sie schon viel erreicht, aber das Gegenteil ist der Fall. Sie wissen, wie Sie Ihre Zeit nutzen, und haben *eindeutig entschieden*, wie verfügbar und erreichbar Sie in den drei verschiedenen Zeitzonen sein möchten. Der nächste und letzte Schritt – und vielleicht der schwierigste – ist die Festlegung auf die aktuellen Stunden und Tage *Ihrer* drei Zeitzonen. Wir werden daher Schritt für Schritt vorgehen.

Wir fangen mit den beiden Enden des Spektrums an: den Zeitzonen, in denen Sie zu 100 Prozent und überhaupt nicht arbeiten, denn die kennen Sie am besten. Mal angenommen, Sie beschließen, dass Ihre „Dienstzeit" montags bis freitags von 8 bis 18 Uhr ist und dass Sie samstags von 18 Uhr bis sonntags 22 Uhr „dienstfrei" haben.

Die Grafik 2 auf Seite 105 bildet diesen Zustand ab.

Wie Sie sehen, haben wir damit 50 Stunden „Dienstzeit" plus 28 Stunden „dienstfrei", also 78 Stunden festgelegt. Bleiben uns 90 Stunden, mit denen wir uns noch beschäftigen müssen.

Niemand wird widersprechen, dass man ab und zu ein wenig Schlaf braucht und mitten in der Nacht nicht auf Anrufe reagieren muss; also können wir die normale Schlafenszeit plus ein paar Pufferstunden eintragen.

	Dienstzeit (100%)	bedingte Dienstzeit (____%)	dienstfrei (0%)
Überprüfe E-Mails alle			
Überprüfe Voice-Mails alle			
Reagiere auf Beeper innerhalb von			
Kontinuierliche Arbeit am Computer nie länger als			

Abbildung 2

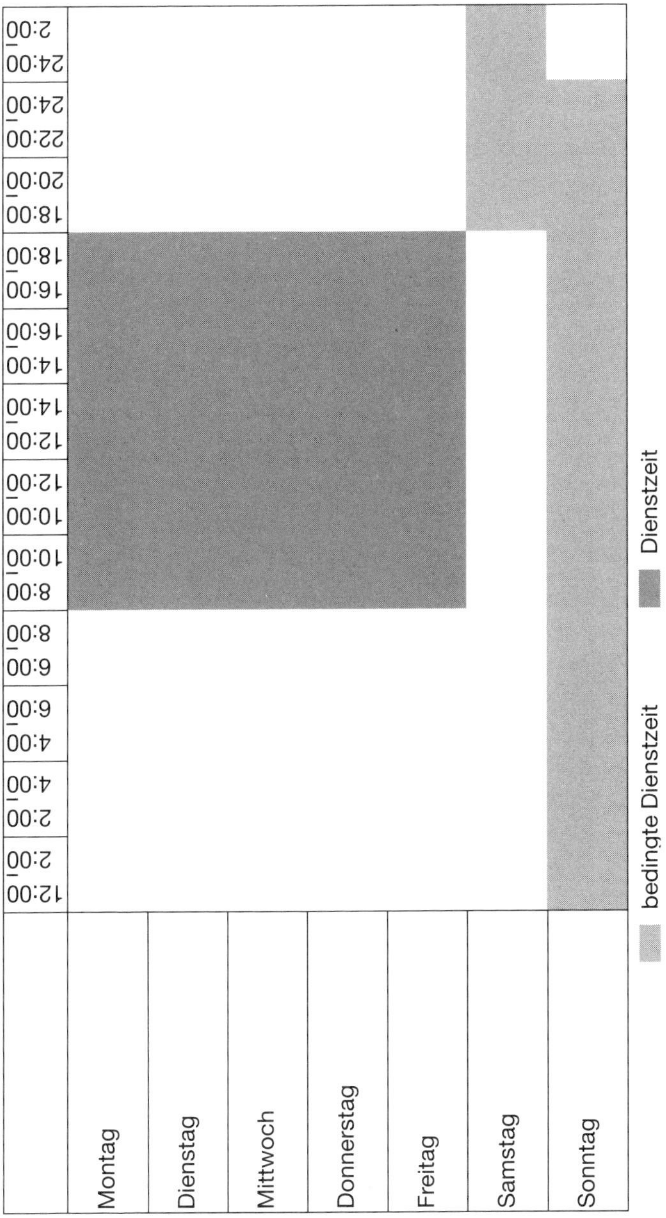

Abbildung 3

Uhrzeit	Montag	Dienstag	Mittwoch	Donnerstag	Freitag	Samstag	Sonntag
24:00–2:00							
22:00–24:00							
18:00–20:00							
16:00–18:00							
14:00–16:00							
12:00–14:00							
10:00–12:00							
8:00–10:00							
6:00–8:00							
4:00–6:00							
2:00–4:00							
12:00–2:00							

Legende: ■ Dienstzeit   ■ bedingte Dienstzeit

Abbildung 4

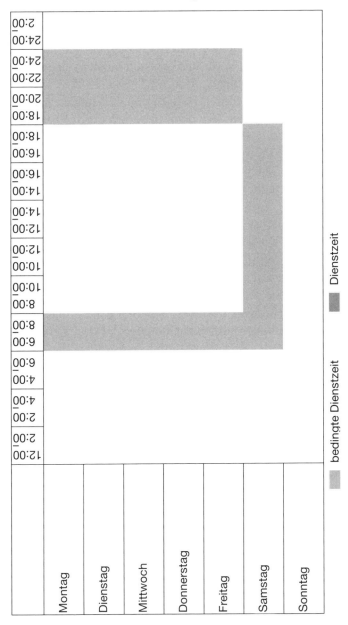

Wenn man die Stunden von 22 Uhr bis 6 Uhr morgens dafür einträgt, hat man weitere 56 Stunden festgelegt. Dies ist in Grafik 3 dargestellt.

Herzlichen Glückwunsch! Jetzt bleiben uns noch 42 Stunden, mit denen wir uns befassen müssen: die weißen Bereiche der Grafik.

Grafik 4 hebt diesen Bereich von 42 Stunden hervor, ohne die restlichen Zeitzonen zu berücksichtigen.

Sie sehen, dass es die Stunden montags bis freitags von 6 bis 8 Uhr (10 Stunden) betrifft plus montags bis freitags von 18 bis 22 Uhr (20 Stunden) plus samstags von 6 bis 18 Uhr (12 Stunden), zusammen 42 Stunden. Beachten Sie bitte, dass auch „Zwischenzeiten" dazu gehören; zum Beispiel die zwei Morgenstunden in der Woche von 6 Uhr bis 8 Uhr, wenn Sie schon wach sind und sich auf die Arbeit vorbereiten beziehungsweise unterwegs zur Arbeitsstelle sind, und außerdem die Stunden von 18 bis 22 Uhr, in denen Sie von der Arbeit heimfahren und die Sie zu Hause verbringen, bevor Sie schlafen gehen. Wir haben diese 42 Stunden bisher noch keiner der drei Zeitzonen zugeordnet.

| Ihre Ent- |
| scheidung |

Das ist auch gar nicht so leicht. Kann man beispielsweise von jemandem erwarten, dass er seine E-Mails und Voice-Mails gleich nach dem Aufstehen abfragt oder nachts, kurz bevor er sich schlafen legt? Dann muss man diese Zeiten der „bedingten Dienstzeit" zurechnen. Aber wenn Sie sich nicht verpflichtet fühlen, oder man nicht von Ihnen erwartet, in diesen Zeiten verfügbar und erreichbar zu sein, dann gehören diese Stunden zur „dienstfreien Zeit." Das ist Ihre Entscheidung und Ihre Wahl – aber für den Moment wollen wir diese Zeit der „bedingten Dienstzeit" zurechnen.

Jetzt bleibt uns noch die Zeit von 6 bis 18 Uhr am Samstag. Wiederum lautet die Frage, was in dieser Zeit von uns erwartet wird, beziehungsweise wozu wir uns verpflichten fühlen – und wichtiger noch: Wollen wir diese Verpflichtungen ändern? Wir könnten einige Stunden der „bedingten Dienstzeit" zurechnen, sofern wir am Samstag wenigstens zeitweise erreichbar und verfügbar sein sollten. In dem Falle nehmen wir vielleicht den Zeitraum von 10 bis 14 Uhr und ordnen den Rest der ungestörten Freizeit zu: siehe Grafik 5.

In diesem Drei-Zonen-Modell:

- sind Sie 50 Stunden zu 100 Prozent „im Dienst",
- 84 Stunden absolut „dienstfrei"
- und 34 Stunden „bedingt dienstbereit."

So weit dieses Beispiel. Jetzt ist es an der Zeit, die eigene Arbeitswoche einzutragen. Dabei ist Ihre Analyse maßgebend. Sie haben bereits die Dienstleistungsniveaus für die drei Zonen festgelegt. Verteilen Sie diese nun über die 168 Stunden in Grafik 6. Es wäre vielleicht sinnvoll, die Grafik zu kopierern, damit Sie experimentieren können, bevor Sie die Endversion erstellen.

Alles richtig gemacht?

Nachdem Sie Ihre Grafik erstellt haben, fragen Sie sich vielleicht, ob Sie es richtig gemacht haben. Bedenken Sie bei der Beantwortung dieser Frage bitte Folgendes:

1. *Die Wirklichkeit hält sich nicht an Grafiken.* Die Grafik soll Sie vor allem dabei unterstützen, sich Ihre *Möglichkeiten* und *Entscheidungen bewusst* zu machen – und Sie ermutigen, optimale Entscheidungen zu fällen. Man kann nicht davon auszugehen, dass man sich genau an diese Grafik halten kann; es kann einiges da-

Abbildung 5

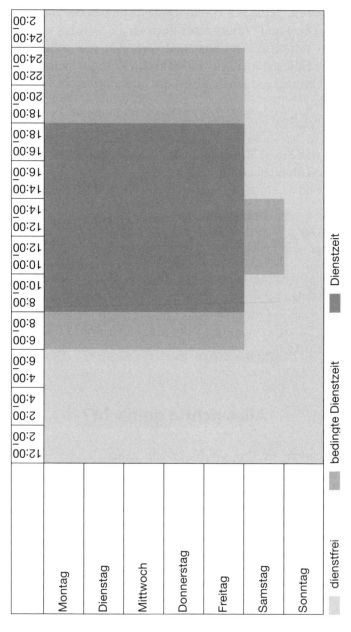

Abbildung 6

	Montag	Dienstag	Mittwoch	Donnerstag	Freitag	Samstag	Sonntag
2:00 24:00							
24:00 22:00							
20:00 18:00							
18:00 16:00							
16:00 14:00							
14:00 12:00							
12:00 10:00							
10:00 8:00							
8:00 6:00							
6:00 4:00							
4:00 2:00							
2:00 12:00							

Dienstzeit

bedingte Dienstzeit

dienstfrei

zwischen kommen, beispielsweise eine Reise, eine zunehmende oder auch abnehmende Arbeitsbelastung, Meetings, Aufgaben im Haushalt, Notfälle und anderes, was die Einteilung durchkreuzen könnte.

| Ziel und Prüfstein |

Das heißt jedoch nicht, dass Ihr Zeitplan nutzlos ist. Es bedeutet vielmehr, dass Sie sich ein *Ziel* gesetzt und einen *Prüfstein* geschaffen haben. Ohne Ziel und Prüfstein fliegen Ihnen die Tage und Stunden davon und Sie lassen sich womöglich immer mehr Arbeit aufhalsen – die Situation, in der Sie sich vielleicht befanden, als Sie dieses Buch kauften.

2. *Dies ist* Ihre *Grafik.* Vielleicht zeigen Sie sie zu einem späteren Zeitpunkt Ihrem Vorgesetzten, den Kollegen oder Ihrer Familie – vielleicht bekommt auch niemand sie je zu Gesicht. Diese Grafik kann Ihnen als visuelle Gedankenstütze dienen und Ihnen zeigen, wo es Grenzen zwischen dem Berufs- und Privatleben zu ziehen gilt. Wir werden uns in Kapitel 6 damit befassen, wie Sie mit der so gewonnenen Information andere dazu bewegen können, Sie zu unterstützen.

Also zurück zur Frage, ob Sie alles „richtig" gemacht haben. Ist die Zeit, die Sie der 100-prozentigen „Dienstzeit" zugemessen haben, zu lang? Hier ein paar Ansatzpunkte, wie Sie Ihre Grafik auf Richtigkeit überprüfen können. Fragen Sie sich:

| Ist Ihre Grafik „richtig"? |

● Kommen Ihnen die Zeitzonen insgesamt *stimmig* vor? Was sagt Ihnen Ihr Instinkt, Ihre Intuition? Können Sie mit dieser Zeitverteilung leben? Das sind schwierige Fragen, weil Sie wahrscheinlich noch nie versucht haben, Ihre Zeitnutzung in eine solche Grafik zu packen, und Sie haben daher kein Vergleichsmaterial, nur Ihr Gefühl – aber das ist äußerst wichtig.

● Haben Sie die „bedingte Dienstzeit" wirklich berücksichtigt? Der Begriff „bedingte Dienstzeit" ist ein
neues Konzept, und Sie haben wahrscheinlich noch
nie zuvor einen Teil Ihrer Arbeitszeit *so* betrachtet. In
dieser „Zwischenzeit" arbeiten Sie zwar, aber eben
nicht zu 100 Prozent. Diese Zeit formt eine Brücke
zwischen Ihrem Berufs- und Privatleben.

● Haben Sie genügend „dienstfrei"? Dies ist ein guter
Zeitpunkt sich daran zu erinnern, dass Sie ein Recht
auf Freizeit haben. Die 40-Stunden-Woche kommt
wohl nie wieder, aber das heißt nicht, dass jetzt die 80-
Stunden-Woche angebrochen ist. Ersetzen Sie einen
Teil der 100-prozentigen Dienstzeit durch „bedingte
Dienstzeit" und achten Sie auch auf genügend echte
Freizeit – wo Sie sich entspannen, mit der Familie und
Freunden zusammen sind und sich um persönliche
Angelegenheiten kümmern können.

● Wie verhält sich die Grafik dazu, wie Sie Ihre Zeit in
Wirklichkeit verbringen? Haben Sie Ihren Drei-Zonen-Plan auf der Basis Ihrer Idealvorstellungen auf-
gestellt? Da Sie die Vorstellung der drei Zeitzonen ja
noch nicht kannten, hatten Sie auch kein relevantes
Vergleichsmaterial.

Tragen Sie eine Woche lang auf Grafik 7 (Seite
115) ein, wie Sie Ihre Zeit *tatsächlich* nutzen beziehungsweise in einer typischen Woche nutzen
würden. (Wenn Sie sich eine typische Woche vor den
Geist holen, ist es nicht so wichtig, sich genau an die Stunden zu erinnern, in denen Sie gearbeitet, geschlafen oder
mit anderen Aktivitäten verbracht haben. Konzentrieren
Sie sich darauf, wie Sie Ihre Zeit bisher im Allgemeinen
verbracht haben, und unterteilen Sie das in drei Zonen.)
Damit dürften Sie ausreichend Material für einen Vergleich haben.

Vergleichen Sie nun diese „realistische" Grafik mit der ersten: Welche Unterschiede fallen Ihnen auf? Sie haben in der neuen Grafik wahrscheinlich mehr „bedingte Dienstzeit" eingezeichnet (die von der 100-prozentigen Dienstzeit in der anderen Grafik abgeht), und wahrscheinlich auch ein wenig mehr „dienstfrei". Reichen Ihnen diese Unterschiede?

- Wäre es vielleicht interessant, die alte und neue Grafik mit Leuten durchzugehen, die Ihre Arbeit und Ihren Arbeitsstil kennen: Kollegen, Ihr Vorgesetzter oder Ihr Lebensgefährte? Wenn Sie das nicht wollen, können Sie es in Ihrer Vorstellung tun. Ob sie nun in der Wirklichkeit oder nur in der Fantasie stattfinden: diese Gespräche können sehr hilfreich sein, denn Sie bekommen Feedback (oder stellen sich das vor), und das unterstützt Ihre Entscheidungen oder aber ermutigt Sie dazu, das eine oder andere zu ändern.
- Hilft Ihnen diese Zeiteinteilung, Probleme zu lösen? Sie lesen dieses Buch wahrscheinlich, weil Sie nicht zufrieden sind mit Ihrer derzeitigen Zeiteinteilung. Wie gut lösen also die von Ihnen in der Grafik festgelegten Zeitzonen diese Probleme, insbesondere die des „techno-mobilen Ärgers", den wir in Kapitel 2 untersucht haben?
- Halten Sie diese Zeiteinteilung für realistisch, auch wenn Sie Ihnen anfangs vielleicht Mühe bereitet? Zuletzt sollten Sie Ihre Zeiteinteilung darauf hin überprüfen, ob sie auch durchführbar ist. Wenn die Unterschiede zwischen dem Ist- und Sollzustand nicht groß genug sind, dürften Sie kaum ausreichend für eine Veränderung motiviert sein. Ist der Unterschied hingegen zu groß, kann es ziemlich aussichtslos wirken, diese Kluft überbrücken zu wollen. Führen Sie die

Abbildung 7

	Montag	Dienstag	Mittwoch	Donnerstag	Freitag	Samstag	Sonntag
2:00 / 24:00							
24:00 / 22:00							
20:00 / 18:00							
18:00 / 16:00							
16:00 / 14:00							
14:00 / 12:00							
12:00 / 10:00							
10:00 / 8:00							
8:00 / 6:00							
6:00 / 4:00							
4:00 / 2:00							
2:00 / 12:00							

Dienstzeit

bedingte Dienstzeit

dienstfrei

Übung mit den Grafiken in den kommenden Wochen oder Monaten eventuell mehrmals durch und achten Sie in der Zwischenzeit darauf, nichts zu tun, das Sie enttäuschen und daher zu einem Fehlschlag führen würde.

Wie man optimal mit Ferien und freien Tagen umgeht

Bisher haben wir uns mit den „dienstfreien" Zeiten nur im Zusammenhang mit der Arbeitswoche und dem Wochenende befasst. Aber wir wollten die freien Tage und den Urlaub nicht ignorieren, sondern haben uns das Beste (und vielleicht auch Schwierigste) nur bis zum Schluss aufgehoben.

Das Drei-Zonen-Modell und Ihre Analyse der Arbeitszeit beginnt mit der ganz normalen Arbeitswoche. Ferien und freie Tage sind wichtig, aber das Jahr hat nun mal mehr Arbeitstage. Abhängig davon, wo und wie lange Sie schon arbeiten, haben Sie zwei bis sechs Wochen Urlaub im Jahr, dazu kommen noch ein paar freie Tage (Weihnachten, Neujahr und andere gesetzliche Feiertage).

In Bezug auf freie Tage und Urlaub ist man mit folgenden drei Fragen konfrontiert:

- *Müssen* Sie (vielleicht nur zu einem gewissen Grad) in dieser Zeit erreichbar und verfügbar sein? Damit sind vertraglich geregelte Voraussetzungen gemeint, die mit Ihrer Aufgabe zusammenhängen. Je mehr Sie erreichbar und verfügbar sein müssen, desto länger ist die Periode in Ihren Ferien, die sie der „bedingten Dienstzeit" zurechnen müssen.
- Inwiefern fühlen Sie sich *verpflichtet* oder *erwartet* man von Ihnen, in dieser Zeit erreichbar und verfügbar zu sein? Gibt Ihnen jemand (meist Ihr Vorgesetz-

ter oder ein wichtiger Kunde) direkt oder durch die Blume zu verstehen, dass Sie erreichbar sein und Kontakt mit dem Büro halten sollten? Vielleicht haben Sie auch gewisse Untertöne wahrgenommen, dass dies „hier von einem erwartet wird."

In welchem Maß wollen Sie in dieser Zeit absolut nicht erreichbar und verfügbar sein? Diese Frage betrifft Ihre eigenen Wünsche. Es gibt Leute, denen es relativ egal ist, ob sie Kontakt zum Büro halten müssen, während es für andere ein Tabubruch wäre, an freien Tagen und im Urlaub auch nur an die Arbeit zu denken.

Dass man an freien Tagen und in den Ferien so leicht verfügbar und erreichbar sein kann, gehört wahrscheinlich zu den wichtigsten Veränderungen, die die moderne Technik mit sich gebracht hat. Noch vor wenigen Jahren war es gar nicht so leicht, Kontakt zum Büro herzustellen. So gab es beispielsweise nur wenige Hotels mit Fax und Modem.

| Eine der wichtigsten Veränderungen |

Handys, Beeper, Laptops und der fast überall verfügbare Zugang zum Telefonnetz erleichtert diesen Kontakt heutzutage enorm – wir sind immer erreichbar, auch wenn wir gerade irgendwo Ferien machen. Aber nur weil wir in einer Hütte am Atlantik unsere E-Mails auf den Laptop runterladen *können*, heißt doch nicht, dass wir das auch tun *sollten*. Nur weil unser Vorgesetzter oder ein Kunde uns bei einem Fußmarsch mit der Familie per Handy erreichen kann, bedeutet doch nicht, dass er das auch *sollte*.

Es ist interessant, wie die Verkäufer dieser Technik mit dem Thema umgehen. Eine Software-Anzeige hebt mit dieser Frage an: „Jetzt verfügen Sie über die Technik, mit der Sie auch im Urlaub arbeiten können. Werden Sie nun mehr arbeiten oder machen Sie häufiger Urlaub?" Die

Anzeige erläutert anschließend, dass die Software es ermöglicht, „mit der eingebauten Mobilität dort zu arbeiten, wo Sie das wollen." Jeder Nutzer könne sein Büro überall hin mitnehmen. Die letzte Zeile der Anzeige lautet: „Sieht die zukünftige Arbeitswelt mehr nach Arbeit oder mehr nach Urlaub aus?" Das ist die fundamentale Frage, die wir alle beantworten müssen.

Weil freie Tage und Urlaube unterschiedlich lang sind, zu unterschiedlichen Zeiten stattfinden und unterschiedlich weit vom Büro entfernt sind, ist es schwer, zu einer Grafik zu kommen, wie bei der Arbeitswoche. Aber Sie können Folgendes tun:

Was möchten Sie wirklich?

- Fragen Sie sich, was sie *wirklich* möchten, was Ihre Erreichbarkeit und Verfügbarkeit an freien Tagen und im Urlaub betrifft. Mal angenommen, Sie wollen bestimmte Zeiten als völlig ungestörte Freizeit anberaumen, sind aber im Moment gezwungen oder fühlen sich verpflichtet, es nicht zu tun. In diesem Fall wäre es ein wichtiger erster Schritt herauszufinden, wie das genau aussehen sollte.

- Fragen Sie sich, welche Konsequenzen es *tatsächlich* hätte, wenn Sie in den Ferien und an freien Tagen weder verfügbar noch erreichbar wären. Manchmal haben die Normen einer Firma in Bezug auf das, was man tun *soll*, wenig oder nichts damit zu tun, was *wirklich* geschieht, wenn man sich *nicht* daran hält. Damit will ich nicht vorschlagen, dass Sie Ihren Job mit einem Kreuzzug gegen E-Mails, Voice-Mails und Anrufe in den Ferien oder an freien Tagen in Gefahr bringen. Sie können später planen, wie Sie Ihren Chef davon überzeugen, Sie in den Ferien nicht zu kontaktieren, aber das hat wenig Sinn, wenn Sie nicht zuvor die Vor- und Nachteile einer solchen Handlung realistisch abwägen.

- Überlegen Sie, ob Sie in den Ferien und an freien Tage eine andere Art „bedingter Dienstzeit" einführen können. Am Anfang dieses Kapitels haben Sie Ihre diversen Dienstleistungsniveaus festgelegt. Vielleicht könnten Sie jetzt eine Zeitzone von zum Beispiel 20 Prozent festlegen, in der Sie zwar nicht so verfügbar sind wie in Ihrer „bedingten Dienstzeit", aber dennoch mehr als in der „dienstfreien" Zeitzone. Diese neue Zeitzone wäre dann ein guter Kompromiss zwischen völlig ungestörter Freizeit (die Sie vielleicht lieber hätten) und der „bedingten Dienstzeit."

Ferien und freie Tage haben den Zweck, sich von seiner Arbeit zu erholen. Je mehr arbeitsbedingte Aufgaben Sie in dieser Zeit verrichten, desto weniger sind diese „Ferien" oder „freien Tage" in Wirklichkeit wert – für Sie, für Ihren Arbeitgeber und Ihre Kunden.

Es geht um *Ihr* Gleichgewicht

Ich habe Ihnen nie gepredigt oder gar aufgedrängt, wie viel Zeit Sie in Ihren Beruf und wie viel Sie in Ihr Privatleben stecken

> **Viele Mittel und Wege**

sollten. Die Idee eines Gleichgewichts zwischen Berufs- und Privatleben kann ziemlich irreführend sein. Auch wenn es nahe liegt, bei Menschen mit einer 80-Stunden-Woche zu vermuten, ihr Leben sei aus der Balance, muss das nicht unbedingt der Fall sein.

Es gibt viele Mittel und Wege, ein Gleichgewicht zu erzielen. So ist es beispielsweise nicht unbedingt hilfreich, wöchentlich Bilanz zu ziehen und seine Freizeit gegen seine Arbeitszeit aufzurechnen, und dann zu sagen, dies sei gut oder schlecht. Das ist eine eher oberflächliche Betrachtungsweise, besonders wenn man sie ungefragt auf andere anwendet. Ein Gleichgewicht kann sich über eine viel längere Periode erstrecken. So könnte auf eine Reihe von 80-Stunden-Wochen beispielsweise eine oder zwei Wochen folgen, in denen man nur 20 Stunden arbeitet, oder ein paar freie Tage. Vielen Menschen reichen gelegentliche „Auszeiten", damit sie das Gefühl haben, sie führten ein ausgeglichenes Leben – insbesondere, wenn ihnen ihre Arbeit gefällt.

Es ist womöglich an der Zeit, den Ausgleich zwischen Berufs- und Privatleben anders zu betrachten. „Gleichgewicht" beinhaltet, zwei unterschiedliche und meist entgegengesetzte Dinge abzuwägen und auszugleichen. Sollte man vielleicht besser in Begriffen von „integriertem Berufs- und Privatleben" denken? Sich also darauf zu konzentrieren, wie diese beiden Bereiche im Leben besser miteinander verbunden werden können, statt sie besser voneinander zu trennen?

Wie Eltern Arbeit und Beruf unter einen Hut bekommen

Connie Goebel ist eine ehemalige Klientin mit über 20 Jahren Erfahrung im Telekommunikationsmarketing und -verkauf. Sie arbeitet heute für eine Firma, die Spitzenmanager rekrutiert, ist aber nur einen Tag pro Woche im Büro der Firma. Den Rest der Zeit arbeitet sie in ihrem gut ausgerüsteten Büro zu Hause. Gut ausgerüstet heißt: hervorragender Computer, Kabelmodem, Fax, zwei Telefonleitungen, Handy, Voice-Mail – das ganze Paket.

Wir redeten über dieses Buch, und Connie war ganz aufgeregt, weil sie sofort sah, wie durchlässig die Grenzen zwischen Berufs- und Privatleben geworden sind – gelinde gesagt. Eine Woche aus ihrem Leben ist ein gutes Beispiel dafür, wie eine scheinbar hektische und von vielen Unterbrechungen zersplitterte Arbeitspraxis dennoch sehr effektiv und befriedigend sein kann. Hier nun ihre Schilderung, wie sie ihre Arbeit und ihr Privatleben integriert.

Die Technik hat mich aus den traditionellen Fesseln eines Arbeitslebens im Büro befreit. An den Telefonen im Büro und am Handy hängt jeweils ein Anrufbeantworter; dadurch weiß ich, wer angerufen hat, und kann Kontakt zu den Leuten halten. Mit dem schnurlosen Telefon kann ich durchs ganze Haus laufen und trotzdem Anrufe empfangen; mit dem Handy habe ich die Freiheit, Leute von überall her anzurufen – sogar aus dem Fitness-Center.

Über das Internet habe ich 24 Stunden am Tag Zugang zu meinen Nachrichten und Informationen, wann immer ich das will. Ich habe im Moment keinen Laptop, werde aber wohl schon bald wieder einen besitzen, nachdem ich in meinem Unternehmen seit acht Jahren damit arbeite.

Für mich ist mein Privatleben genauso wichtig wie mein Berufsleben. Wenn ich all meinen Aktivitäten Energie und Aufmerksamkeit widme (zwar nicht allen denselben Anteil und vielleicht auch nicht die Energiemenge, die ihnen zusteht, aber immerhin), fühle ich mich ausgeglichen und zufrieden. Und die Menschen in meiner Umgebung tun das auch.

Ich versuche die Dinge immer dann zu tun, wenn es am besten für mich ist. Zum Beispiel: Ich wache meistens schon früh morgens auf und habe den Kopf voller Gedanken. Ich stehe also auf, gehe in mein Büro und verschicke meine E-Mails, bevor die anderen im Haus überhaupt wissen, dass der Morgen angebrochen ist. Damit habe ich einen Vorsprung und kann mit meiner Familie zusammen sein, wenn sie den Tag beginnt.

An den meisten Tagen sehe ich meinen Ehemann und die Kinder (9 und 12) morgens und abends. Aber auch zwischendurch: Ich habe meistens mein schnurloses Telefon dabei, wenn ich mir die Haare bürste, den Kindern bei den Hausaufgaben helfe und mir ihre Geschichten anhöre oder ein bisschen Basketball mit ihnen spiele. Wenn das Wetter schön ist, gehen wir nach der Schule öfter ein bisschen Rad fahren.

Vor kurzem bin ich Mitglied in einem Fitness-Center geworden. Jetzt kann ich in den stillen Stunden dort hingehen, meinen Eingangskorb (Branchenzeitschriften, Trainingshandbücher, usw.) mitnehmen und die Sachen auf dem Übungsfahrrad durchlesen. Meistens lese ich allerdings einen Roman; seit ich in das Fitness-Center gehe, lese ich im Schnitt drei Bücher pro Monat. Lesen ist mir wichtig, seit meine Arbeitszeit flexibler ist, habe ich bedeutend mehr gelesen.

Ich kann auch als Freiwillige in meiner Kirchengemeinde bedeutend mehr tun als zuvor. Die Fahrt zur Arbeit und zurück fällt jetzt meistens weg, dadurch habe ich mehr Zeit, und ich mache die Freiwilligenarbeit immer dann, wenn ich ein paar freie Minuten habe. Ich muss mir das nicht mehr von der Zeit mit der Familie abknapsen. Dadurch gibt es viel weniger Reibungsverluste als zuvor.

Ich arbeite im Prinzip nach wie vor von 9 bis 17 Uhr, abgesehen von kurzen Einkäufen, Arztbesuchen und Ähnlichem. Wenn ich mehr Arbeit habe als normal, versuche ich frühmorgens, am Abend und manchmal an Wochenenden mehr zu erledigen als sonst (E-Mail, Anrufe, Nachrichten hinterlassen etc.). Weil alle Arbeitsmittel vorhanden sind, kann ich auch zu Zeiten arbeiten, zu denen normalerweise niemand arbeitet – aber rund um die Uhr, nein, das nicht. Aber wenn ich an etwas denke, das ich noch tun sollte – etwa schnell eine E-Mail verschicken –, kann ich es sofort erledigen.

Einen eigenen Raum für das Büro zu haben, ist sehr wichtig. Das heißt nämlich, dass ich zu jeder Tages- oder Nachtzeit arbeiten kann, und auch, dass ich die Tür wieder hinter mir schließen kann, wenn ich das will, obwohl das manchmal vielleicht schwierig ist. Es ist mein Ziel, mich auf das „Jetzt" zu konzentrieren, egal welchen Hut ich gerade aufhabe.

Connie hat herausgefunden, wie man seine beruflichen und privaten Verpflichtungen im Lot hält, und mehr noch: Ihr Alltag zeigt, dass man beide Aspekte nicht nur im *Gleichgewicht halten,* sondern sie auch *integrieren* kann.

> Nicht nur im Lot, sondern integriert

Allerdings habe ich mich gefragt, was mit der Freizeit für sie und ihre Familie ist, in der sie weder erreichbar noch verfügbar ist. Kann sie sich diesen Luxus erlauben, und wenn nicht, vermisst sie ihn?

Ehrlich gesagt, gefällt mir dies alles weit besser als das, was ich früher hatte. Ich habe nicht nur meine Freizeit sondern auch die Menge meiner Arbeit unter Kontrolle, und wann ich sie mache.

Verstehen Sie mich nicht falsch – wie die meisten anderen habe ich auch mehr zu tun, als ich tun kann. Aber ich versuche zu tun, was mir wichtig ist, und mache jeden Tag etwas in den verschiedenen Bereichen.

Da mir Freizeit wichtig ist, nehme ich sie immer in meine Zeitplanung auf. Und das hat mehrere Abstufungen: Zeit „für mich" (ich gehe dann ins Fitness-Center oder spazieren oder lese etwas) und die Zeit, die ich mit der Familie oder Freunden verbringe. Ich verteidige diese Zeiten wie eine Löwin und plane alles andere darum herum – so gehe ich auch mit den Erwartungen meiner Kollegen und Kunden um.

So sind wir beispielsweise letzten Winter an mehreren verlängerten Wochenenden Ski gefahren. Wir verließen das Haus um 15 Uhr am Freitagnachmittag und holten die Kinder von der Schule ab. Ich musste meist noch ein paar Anrufe im Auto machen, aber das ist besser, als zu Hause zu bleiben und sie dort zu machen und erst später loszufahren. Aber wenn ich diese Anrufe hinter mich gebracht habe, schließe ich – in Gedanken – die Tür zum Büro, bis wir wieder zu Hause sind. Auf gleiche Weise begrenze ich die Zeit, die ich am Wochenende oder abends noch in meinem Büro verbringe, und wenn ich am Wochenende etwas tun muss, mache ich es Samstagmorgens ganz früh, so dass es mein Privatleben nicht stört. Wenn ich einmal gesagt habe, dass es für heute oder die Woche reicht, dann höre ich auch keinen Anrufbeantworter mehr ab und kümmere mich nicht um E-Mails, bis ich wieder für die Arbeit bereit stehe.

Connies Zeitplan macht mich ein bisschen atemlos – aber er entspricht ihren Bedürfnissen und stellt ihre Vorgesetzten, Kunden, Familie und sie selbst zufrieden. Und nur darauf kommt es an.

Noch ein paar Gedanken dazu, wie man seine Zeit – und sein Leben – plant

Viele Menschen, die eine Drei-Zonen-Grafik erstellt haben, insbesondere nachdem sie die Definition und Rolle der „bedingten Dienstzeit" erkannt haben, wissen nun, wie sie ihre Zeit effektiver nutzen und daher in Zukunft handeln sollten. Abhängig davon, wie Ihre Familiensituation aussieht, wie sehr Sie Ihre Arbeit genießen und sich dafür engagieren wollen, und welche kurzfristigen und langfristigen Ziele Sie haben, kann Ihre „Dienstzeit" so bleiben, wie sie ist, oder Sie können sie sogar erweitern. Sie könnten allerdings auch zu dem Schluss kommen, dass Ihnen die ganze Idee der „bedingten Dienstzeit" überhaupt nicht gefällt, und dass sie entweder ganz arbeiten wollen oder gar nicht – das ist dann *Ihre* Arbeitsweise.

Bedenken Sie bitte: Dieses Buches soll Sie dabei unterstützen, einige gut durchdachte Entscheidungen darüber zu fällen, was *Sie* tun sollten, damit Sie sich in Ihrem Berufs- und Privatleben besser fühlen und beiden Aspekte angemessene Zeit geben. Lassen Sie sich nicht zu dem Glauben verleiten, ein engagierter Mitarbeiter müsse „tun, was er tun muss, und zwar so lange wie nötig", um den Erwartungen gerecht zu werden – ein Gesichtspunkt, dem man vor allem in kleineren Unternehmen oder bei Start-Ups huldigt. Aber Sie haben natürlich ebenso wenig ein angeborenes Recht auf einen Arbeitsplan mit jeder Menge Freizeit, in der Sie sich frei von jeglicher Technik entspannen, als Freiwilliger arbeiten, mit der Familie zusammen sein, den Hobbys nachgehen, Sport treiben können und so weiter.

Ich bin davon überzeugt, dass unsere Effektivität als Arbeitgeber oder Mitarbeiter in Gefahr ist, wenn wir Woche auf Woche unter Druck stehen und kaum Freizeit haben. Es dürfte inzwischen klar sein, dass sich Mußestunden sowohl für Arbeitgeber als auch für Mitarbeiter auszahlen, und dass es um Ihre eigenen Bedürfnisse und Ihre Situation geht, also darum, dass Sie Ihren Zeitplan daran anpassen.

> Unsere Effektivität ist in Gefahr!

Damit möchte ich allerdings nicht vermitteln, es sei ein Zeichen von Schwäche, keinerlei Veränderungen durchführen zu wollen. Ich bin vielleicht nicht Ihrer Meinung, aber weder ich noch irgend ein anderer kann Ihnen sagen, was Sie tun sollten. Lassen Sie sich nicht darauf ein, Ihr Leben zu leben, wie es Ihre Freunde, Familie, Kollegen – oder Berater/Autoren – für das Beste halten.

Ich habe dieses Buch auch geschrieben, damit Leute in diesen Spiegel schauen und *überprüfen*, welche Zeit sie für Arbeit und Privates nutzen und *ob* sie daran etwas ändern möchten. Wenn das so ist, soll es helfen, *einen Plan zu entwickeln* und diesen Plan *durchzuführen*, und zwar so, dass sie weder ihren Job riskieren noch ihre Beziehung zu den Kollegen, Vorgesetzten und Kunden. Ich habe diesen Prozess selber durchlaufen und verfeinere ihn immer weiter – aber was für mich richtig ist, muss für andere nicht unbedingt richtig sein. Meine Frau oder Kinder würden übrigens vielleicht sagen, dass ich immer noch *zu viel* arbeite und mir nicht genug Freizeit gönne. Sie haben Recht auf ihre Sichtweise, auch wenn ich überzeugt bin, dass ich das Richtige für mich und sie tue, weil ich nämlich meinen Verpflichtungen meinen Kunden, mir selbst und meiner Familie gegenüber gerecht werden kann, ohne dass dies unangenehme Konsequenzen für eine der genannten Parteien hätte.

Eine sinnvolle Investition

Die Zeit, die Sie in diesen Prozess investieren, ist viel wert, egal ob Sie etwas ändern oder nur ein paar kleine Details verbessern wollen. Sie werden diesen Schluss nach einer detaillierten Analyse Ihrer Situation gezogen haben, und eine eventuelle Änderung wird daher nicht nur auf Gefühl und Intuition beruhen. Wenn Sie beschließen, etwas zu ändern, wird dies Auswirkungen auf Ihre Arbeitsbeziehungen zu Ihren Vorgesetzten, Kunden und Kollegen haben. Daher werden wir uns im nächsten Kapitel damit befassen, wie Sie diese Veränderungen durchführen können, ohne Ihren Job oder Ihre Karriere zu riskieren.

Kapitel 6

Wie man es seinem Chef, seinen Kunden oder Kollegen sagt und ihre Unterstützung erhält

Falls Sie sich am Ende des letzten Kapitels darauf gefreut haben, Ihre Arbeit neu einzuteilen, damit sie Ihren Bedürfnissen besser entspricht, sind Sie bereit für den nächsten wichtigen Schritt: sich der *Unterstützung und des Engagements* der Leute zu vergewissern, die sich auf Ihre Arbeit verlassen.

„Was? Sie möchten das *ganze* Wochenende frei haben?"

An diesem Punkt stehen die meisten Menschen vor einem Dilemma, was die Durchführung ihres Drei-Zonen-Plans betrifft. Einerseits möchten sie unbedingt loslegen, denn sie haben das Gefühl, es würde ihnen bedeutend besser gehen, wenn sie diese drei Zonen effektiver nutzen. Andererseits zögern Sie – und haben manchmal sogar richtig Angst davor –, dem Chef, wichtigen Kollegen oder Kunden zu sagen, dass sie nicht mehr so leicht erreichbar und verfügbar sein werden wie zuvor.

Wie sage ich es meinem Chef?
Wie wird es sein, mit Ihrem Chef oder wichtigen Kunden darüber zu reden, dass Sie eine klare Grenze zwischen Arbeit und Privatleben ziehen wollen? Mit der Beantwortung folgender Fragen erhalten Sie eine realistische Vorstellung.

1. Wie schätzen Sie die Beziehung zu der betreffenden Person ein?
   a. sehr gut – könnte nicht besser sein
   b. ziemlich gut – wir kommen meistens gut miteinander aus
   c. na ja – ich weiß nie, was mich erwartet
   d. ziemlich schlecht – meistens haben wir Probleme miteinander
   e. fürchterlich – könnte nicht schlimmer sein
2. Wie gut ist Ihr Chef darüber informiert, wie es mit Ihrer Arbeit vorangeht und vor welchen möglichen Problemen Sie stehen?
   a. sehr gut – mein Chef steht selten vor Überraschungen
   b. ziemlich gut – mein Chef ist über die meisten wichtigen Dinge informiert
   c. na ja – manchmal gebe ich ihm nicht alle Informationen
   d. ziemlich schlecht – ich informiere ihn fast gar nicht
   e. sehr schlecht – ich erzähle überhaupt nichts, es sei denn, die Dinge laufen katastrophal
3. Hält Ihr Chef Sie für zuverlässig und gewissenhaft?
   a. ja, sehr – ich halte alle Fristen ein und meine Arbeit entspricht den Erwartungen
   b. ziemlich – ich halte die meisten Fristen ein, und im Allgemeinen entspricht meine Arbeit den Erwartungen
   c. na ja – ich halte manche Frist ein und andere nicht, und ich entspreche auch nicht immer den Erwartungen
   d. nicht sehr – ich halte kaum eine Frist ein, und meine Arbeit entspricht nur selten den Erwartungen
   e. keineswegs – wenn ich mein Chef wäre, würde ich mich feuern

4. Wie vernünftig hat Ihr Chef bisher reagiert, wenn Sie mit ihm verhandelt haben?
   a. sehr vernünftig – wir finden fast immer eine annehmbare Lösung
   b. ziemlich vernünftig – wir finden meistens eine annehmbare Lösung
   c. na ja – manchmal finden wir einen Kompromiss
   d. ungut – wir können nur selten vernünftig verhandeln und den Weg zu einem Kompromiss finden
   e. überhaupt nicht – ich kann mich kaum daran erinnern, dass mein Chef auch nur einen Millimeter nachgegeben hätte

Was die Antworten bedeuten

- Wenn Sie bei mindestens drei oder vier Antworten ein a oder b markiert haben, dürften Sie keine Probleme haben, sofern Sie natürlich einen gut durchdachten Plan unterbreiten.
- Wenn Sie bei zwei oder weniger Antworten ein a oder b markiert haben, müssen Sie sehr sorgfältig vorgehen, weil Sie in der Vergangenheit nicht immer auf gleicher Augenhöhe waren.
- Wenn Sie bei zwei oder mehr Antworten ein d oder e markiert haben, sollten Sie sich sehr gut überlegen, ob Sie das Thema überhaupt anschneiden wollen; möglicherweise sollten Sie erst die Beziehung verbessern.

Die Vorstellung, seinem Chef zu sagen, dass man seine Freizeit am Samstagnachmittag nicht mehr damit verbringen wird, berufliche E-Mails zu beantworten, könnte genauso attraktiv sein wie eine Wurzelkanalbehandlung beim Zahnarzt. Falls Sie vor diesem Dilemma stehen, sollten Sie vielleicht Folgendes bedenken:

● Sie machen keine „Ankündigung". Wenn Sie auf Ihren Chef oder auf die betreffende Person zugehen, dann haben Sie einen Plan – keine Forderungen oder einseitigen Ankündigungen. Es geht ja nicht darum, seine Karriere zu beenden, sondern darum, sie zu fördern und, sofern möglich, die Arbeitsbeziehungen zu stärken.

Die Ergebnisse zählen!

● Konzentrieren Sie sich auf Ergebnisse. Diese Dinge mit dem Chef zu besprechen ist ein *Prozess*, der zu den Ergebnissen führen sollte, die Sie sich wünschen. Vielleicht sind Sie das nicht gewöhnt, aber Sie sollten bedenken, dass Sie etwas erreichen wollen, das Ihre Lebensqualität auf Dauer und langfristig verbessert.

● Erwägen Sie Ihre Alternativen. Wenn Sie Angst haben, diese Veränderungen einzuleiten, dann überlegen Sie sich doch, was geschehen wird, wenn Sie es nicht tun. Dieser Schritt ist wesentlich, wenn Sie eine Grenze zwischen Ihrem Berufs- und Privatleben ziehen wollen. Wenn Sie jetzt nicht damit anfangen, wird es Ihnen kaum gelingen, eine dauerhafte Veränderung zu erzielen.

● Sie sind nicht allein. Ich bin zwar nicht bei Ihnen, aber ich werde in diesem Kapitel das Nächstbeste tun: Ich werde Ihnen viele Tipps geben und Vorschläge machen, wie Sie Ihr Leben verbessern können, ohne Widerstände zu wecken. Es gibt natürlich keine Garantien, aber ich werde Sie auf einige Gespräche vorbereiten, mit denen Sie die Sicht anderer auf Arbeit und Privatleben eingehend ändern können.

Mit wem müssen Sie reden?

Im letzten Abschnitt haben wir uns mit Fragen befasst, die in Bezug auf ein Gespräch und Verhandlungen mit dem Chef eine Rolle spielen könnten, aber es geht natürlich auch um die Kollegen und/oder Kunden (innerhalb oder außerhalb der Firma). Tatsache ist ja, dass viele Unternehmen mit Teams arbeiten, deren Mitglieder über mehrere Abteilungen und Sparten verteilt sind. Außerdem sind eventuell strategische Allianzen mit anderen Unternehmen zu berücksichtigen und allerlei andere Beziehungen. Die E-Mail, die Sie spätabends bekommen, kann von jemandem stammen, der in Ihre „Befehlskette" gehört, aber auch von jemandem aus einer ganz anderen Firma.

Es dürfte leicht festzustellen sein, wer von Änderungen Ihrer Erreichbarkeit berührt wird – denken Sie einfach an alle, von denen Sie in den letzten Monaten am | Wer wird von Änderungen berührt? |
Abend, an Wochenenden, an freien Tagen oder in den Ferien Anrufe, Voice-Mails, E-Mails oder Nachrichten auf dem Beeper erhalten haben. Alle müssen Sie nicht kontaktieren; fangen Sie mit den Leuten an, die:

- mehr als einmal in Zeiten, die Sie als „bedingte Dienstzeit" oder „dienstfrei" definiert haben, Kontakt zu Ihnen aufgenommen haben;
- keine Rücksicht genommen haben und/oder sich nicht dafür entschuldigt haben, Sie in Ihrer Freizeit zu belästigen;
- höchstwahrscheinlich in ihrer eigenen Arbeit davon beeinflusst werden, wenn sie Sie nicht erreichen können;
- sich womöglich bei Ihrem Chef oder anderen wichtigen Personen darüber beschweren werden, Sie nicht erreichen zu können.

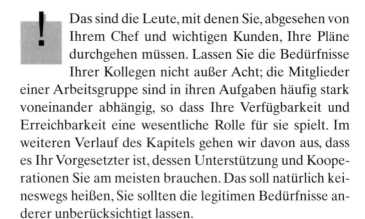 Das sind die Leute, mit denen Sie, abgesehen von Ihrem Chef und wichtigen Kunden, Ihre Pläne durchgehen müssen. Lassen Sie die Bedürfnisse Ihrer Kollegen nicht außer Acht; die Mitglieder einer Arbeitsgruppe sind in ihren Aufgaben häufig stark voneinander abhängig, so dass Ihre Verfügbarkeit und Erreichbarkeit eine wesentliche Rolle für sie spielt. Im weiteren Verlauf des Kapitels gehen wir davon aus, dass es Ihr Vorgesetzter ist, dessen Unterstützung und Kooperationen Sie am meisten brauchen. Das soll natürlich keineswegs heißen, Sie sollten die legitimen Bedürfnisse anderer unberücksichtigt lassen.

Direkter Kontakt oder Anruf?

Gespräche über so wichtige Dinge wie die Grenze zwischen Berufs- und Privatleben sollte man von Angesicht zu Angesicht führen, wenn möglich. Die wirkliche Bedeutung geht bei einem Telefonanruf leicht verloren, ganz zu schweigen von einer E-Mail oder einem Fax.

Da aber Unternehmen und Arbeitnehmer heutzutage manchmal über viele Orten verstreut sind, könnte es unmöglich sein, mit wichtigen Kollegen, Kunden oder mit Ihrem Chef ein persönliches Gespräch zu führen. In diesem Fall sollten Sie dennoch sorgfältig erwägen, ob es nicht sinnvoller wäre, bis zu einem Zeitpunkt zu warten, an dem Sie mit der betreffenden Person zur gleichen Zeit am gleichen Ort sind – vielleicht ein Meeting, eine Ausstellung oder andere Aktivität.

| Das Eisen schmieden ... |

Hier gilt das Motto: Schmiede das Eisen, solange es heiß ist. Sie werden dieses Gespräch sicherlich am besten dann führen, wenn alles noch frisch und Ihre Begeisterung für einen Wandel groß ist. Vielleicht ist es kein Problem, das Ganze ein paar Wochen hinauszuzögern, aber wenn es noch länger dauert, sollten Sie sich überlegen, ob ein Anruf nicht doch besser wäre.

Was nun folgt, bezieht sich auf das persönliche wie auf das telefonische Gespräch. Am Telefon entgehen einem unter Umständen die Feinheiten der Körpersprache, aber das sollte Sie nicht davon abhalten, die Sache auf diese Weise *früher* ins Rollen zu bringen als *viel später* in einem persönlichen Gespräch.

Eine gute Vorbereitung kann Wunder wirken

Egal ob Sie telefonisch oder persönlich mit dem Betreffenden reden, überlegen Sie, wie er sich bei Gesprächen über wichtige Themen verhält. Manche Leute möchten Sachen „erst mal schriftlich; dann können wir darüber reden." Sie brauchen es auf Papier (als E-Mail), damit sie zunächst darüber nachdenken können. Andere hingegen sind „ganz Ohr" – sie ziehen das Gespräch vor, und wollen vielleicht erst hinterher ein schriftliches Resümee. Es ist also wichtig, sich das vorher zu überlegen, damit sie den Betreffenden entsprechend ansprechen können.

Falls Sie die Person erst schriftlich informieren, sollten Sie es allgemein halten – es ist nicht notwendig, die Details anzusprechen. Es geht nur darum, den Zweck des angekündigten (persönlichen oder telefonischen) Treffens klar zu erläutern. Ein Beispiel:

> Halten Sie es allgemein!

Sehr geehrte Frau Meier,
bereits im Voraus vielen Dank dafür, dass Sie sich Zeit für ein (telefonisches) Meeting mit mir nehmen wollen. Mir ist durchaus bewusst, dass Ihr Terminplan ziemlich voll ist, aber diese Angelegenheit betrifft uns beide.

Ich habe gründlich überprüft, wie viel Zeit ich im Büro und zu Hause mit Arbeit für die Firma verbringe, insbesondere am Abend, an Wochenenden und in den Ferien. Ich denke, Sie wissen, wie gut mir die Arbeit gefällt und dass ich meinen Verpflichtungen der Firma gegenüber gerne nachkomme. Ich habe allerdings auch gründlich darüber nachgedacht, welche Verpflichtungen ich meiner Familie und meinem Privatleben gegenüber habe.

Es kommt mir so vor, als sei dieses Thema brisanter geworden, seit wir an unsere Laptops, Handys, Beeper, E-Mail, Voice-Mail und all die andere Technik gewöhnt sind. Es ist fabelhaft, überall und jederzeit erreichbar zu sein, aber das bedeutet auch, dass es nicht mehr so leicht ist, eine Grenze zwischen Berufs- und Privatleben zu ziehen.

In diesem Zusammenhang würde ich gerne einige Gedanken und Pläne mit Ihnen besprechen, die es mir erlauben, meinen Aufgaben auch weiterhin gut gerecht zu werden, und zugleich ein wenig mehr Zeit für mich zu haben. Mir ist aufgefallen, dass ich nicht mehr richtig in der Lage bin, die Arbeit „hinter mir zu lassen", was dazu geführt hat, dass ich nicht mehr frisch und voller Energie an die Arbeit gehen kann.

Ich bin davon überzeugt: Eine klarere Grenze zwischen den Zeiten, in denen ich für die Firma erreichbar und verfügbar bin, und meiner Freizeit würde mir helfen, langfristig bessere Leistungen zu erbringen. Das soll keineswegs heißen, dass ich wieder zu einer 40-Stunden-Woche zurück will; diese Zeiten sind wirklich für immer vorbei. Und wie Sie sicherlich auch wissen, bin ich natürlich immer gerne bereit einzuspringen, wenn Not am Mann ist.

Ich wünsche mir für unser Treffen eine Lösung, die uns beide zufrieden stellt, da ich auch in Zukunft gerne einen hervorragenden Beitrag als Mitglied im Team leisten möchte. Ich freue mich schon auf unser (telefonisches) Treffen.

Vielen Dank im Voraus für Ihre Zeit und Mitwirkung.

 Es ist natürlich in Ordnung, wenn Sie diesen Brief *völlig anders* schreiben. Er sollte nur ein Beispiel sein. Benutzen Sie *Ihre eigenen Worte* und *Ihren eigenen Stil*, wenn Sie der betreffenden Person zu verstehen geben, dass Sie es schätzen, dass sie sich mit Ihnen trifft, was Ihre Sicht der heutigen Situation ist, was Sie anstreben – und bekräftigen Sie, wie wichtig und wertvoll das Gespräch Ihrer Meinung nach ist. Dieses Gespräch ist zu wichtig, als dass Sie es ohne vorherige Ankündigung rein gefühlsmäßig führen könnten.

Die sechs Schritte zum Erfolg

Gehen Sie systematisch vor, wie Sie das bei anderen beruflichen Projekten oder wichtigen Aufgaben auch tun würden. Sie tragen schließlich Verantwortung:

1. *Gehen Sie planmäßig vor – improvisieren Sie nicht.* Der schnellste Weg zur Kündigung statt zum Abbau einer übermäßigen Arbeitsbelastung ist der spontane Gang ins Büro des Vorgesetzten. Und auch wenn Ihre Zeiteinteilung vielleicht nicht so wichtig ist wie das Budget, gibt es dennoch keinen Grund, es weniger ernst zu nehmen.

> Keine Improvisation!

Planmäßig vorzugehen heißt jedoch auch nicht, nach einem Drehbuch zu handeln, in dem alles Schritt für

Schritt aufgelistet ist. Notieren Sie vielmehr alle Punkte, die Sie im Gespräch behandeln möchten – vielleicht geben Sie Ihrem Gesprächspartner eine Kopie davon. Eine derartige Vorbereitung zeigt ihm auch, dass Ihnen das Thema wichtig ist. Damit ermuntern Sie ihn zu einer genauso ernsten Reaktion, denn er muss davon ausgehen, dass Sie nicht spontan oder aus einem momentanen Gefühl heraus handeln.

| Kein Betteln |

2. *Vorschläge machen – nicht betteln.* Kommen Sie nicht als Bittsteller zu diesem Gespräch, als jemand, der „bitte" sein Privatleben wiederhaben möchte. Sie suchen vielmehr eine professionelle Lösung für ein beruflich bedingtes Problem. Dass dies in gewisser Hinsicht auch mit persönlichen Angelegenheiten zusammenhängt, heißt nicht, dass Ihre Leistungsfähigkeit davon nicht beeinträchtigt würde. Nimmt Ihr Gegenüber Sie nämlich als Bittsteller wahr, als jemand der jammert, sich beklagt oder wie ein Kind um Zustimmung bettelt, dann wird er Sie vielleicht auch so behandeln.

Ihr Arbeitsvertrag beinhaltet nicht, dass Sie dem Betrieb 168 Stunden die Woche zur Verfügung stehen. Sie wurden vielmehr eingestellt, weil sowohl Sie als auch Ihr Arbeitgeber der Meinung waren, dass Sie hart arbeiten, die gewünschten Ergebnisse erzielen und den Wert der Arbeit anderer steigern würden. Im Tausch dafür bekommen Sie ein bestimmtes Gehalt und andere betriebliche Leistungen, einschließlich der Chance auf Beförderung – also Belohnung und Anerkennung.

Die Arbeitsstelle bot anscheinend einen fairen Ausgleich zwischen den Anforderungen an Sie und dem, was Sie dafür verlangt haben. Wenn Sie nun jedoch meinen, das Gleichgewicht hätte sich auf Ihre Kosten zu Gunsten des Arbeitgebers verschoben, haben Sie das Recht, über eine professionelle Lösung dieses Problems nachzudenken. Untergraben Sie nicht Ihre eigene Position, indem Sie sich als Bittsteller gebärden.

3. *Vorschläge machen – keine Forderungen stellen.* Da Sie nun erhobenen Hauptes und mit klaren Zielen in dieses Ge-

> Keine Forderungen

spräch gehen können, gilt es, diese Haltung nicht zu übertreiben. Zweck des Gesprächs ist, das Problem aus Ihrer Sicht darzustellen und Lösungsvorschläge vorzutragen, und nicht Frustrationen auf den anderen abzuladen. Es geht darum, gemeinsam eine Lösung zu entwickeln, und nicht darum, dem anderen Ihre Lösungen aufzudrängen.

Es gibt einen feinen Unterschied zwischen Selbstbehauptung und Aggressivität, auch wenn viele Menschen ihn nicht kennen. Sich selbst zu behaupten heißt, selbstbewusst, vertrauensvoll, energisch und positiv vorzugehen; aggressives Vorgehen dagegen zeichnet sich durch Arroganz, Dominanz und intensives Drängen aus. Einer meiner Freunde meint, eine aggressivere Aussage erkenne man daran, dass am Ende der Aussage immer ein „du Blödmann" mitschwingt.

Es ist sinnlos, seine Frustrationen über das Eindringen der Arbeit in die Freizeit zu äußern; man unterstützt die eigene Position hingegen viel mehr, wenn man mit konkreten Beispielen aufwarten kann. Achten Sie aber darauf, es nicht wie persönliche Kritik oder einen Angriff klingen zu lassen. Sie möchten ja, dass man Ihnen zuhört und Ihre Vorschläge akzeptiert; das ist jedoch ziemlich unwahrscheinlich, wenn Sie Ihr Gegenuber in die Defensive drängen.

Egal wie sich das Gespräch entwickelt, Sie werden wahrscheinlich auch weiterhin mit der betreffenden Person arbeiten. Wenn Sie eine gute (oder zumindest annehmbare) Arbeitsbeziehung mit ärgerlichen Bemerkungen und Anschuldigungen vergiften, machen Sie das dem anderen aber sehr schwer.

> **Keine Symptome behandeln**

4. *Ursachen suchen und lösen – keine Symptome behandeln.* Es gibt zwei Gründe, warum Sie Anrufe, Voice-Mails und E-Mails zu Zeiten bekommen, zu denen es Ihnen nicht recht ist: einmal weil jemand ein wichtiges Bedürfnis nach Information, Hilfe oder etwas hat, das Sie ihm geben oder verschaffen können. Oder die Person hat in Wahrheit ein ganz anderes Problem und gar keinen Grund, Sie zu kontaktieren, wenn das gelöst wäre. Es ist hilfreich, zwischen diesen beiden Ursachen unterscheiden zu können.

 Zehn Dinge, die Sie Ihrem Vorgesetzten nicht sagen sollten

Die folgenden zehn Killerphrasen bedeuten das Ende fast jeder Kommunikation – man sollte sie um jeden Preis vermeiden.

1. „Damit haben Sie mir bereits die letzten beiden Urlaube *verdorben* und meine Familie hasst Sie."
2. „Glauben Sie nicht, dass ich ein *Recht* auf Freizeit habe?"
3. „Nur weil *Sie* ein Workaholic sind, heißt das doch nicht, dass jeder einer sein muss."
4. „Ich dachte, wir hätten eine 40-Stunden-Woche – was ist bloß daraus geworden?"
5. „War die Sache, wegen der Sie mich letzten Freitag um 9 Uhr abends gestört haben, denn wirklich *so* wichtig?"
6. „Wenn ich noch mehr arbeiten muss, sind *Sie* verantwortlich dafür, wenn meine Frau mich verlässt."
7. „Ich habe schon Schwielen an den Händen von der Beantwortung all Ihrer *nutzlosen* E-Mails."

8. „Haben Sie überhaupt eine Ahnung, *wie sehr* ich meinen Laptop hasse?"
9. „Schicken Sie mir im Urlaub *ruhig* E-Mails, aber erwarten sie keine Antwort darauf."
10. „*Nichts*, was wir hier tun, wäre wichtig genug, mich bei einem Fußballspiel meines Sohns zu stören."

 Ein Beispiel: Mal angenommen, ein Kollege oder wichtiger Kunde ruft Sie immer wieder mit Fragen zum Inventar oder zu Preisen an. Sie loggen sich einfach ins Firmennetz ein und rufen dort die Informationen ab, die Sie dem Betreffenden anschließend mitteilen. In diesem Fall wäre die Bitte um Information das Symptom, aber die Ursache ist, dass der Anrufer offensichtlich nicht weiß, wie er diese Information selbst abruft, oder weil er nicht dazu befugt ist.

Man mag es bisweilen nicht glauben, aber nicht jeder weiß, wie man mit den zunehmend großen und komplexen Firmennetzen umgeht. Der Grund für die Störung am Wochenende ist womöglich nur der, dass niemand dem „Ruhestörer" beigebracht hat, wie er sich diese Information selber beschaffen kann.

Wenn Sie sich also Zeit nehmen, dem Betreffenden zu zeigen, wie er diese Information im Firmennetz erhält, machen Sie es allen Beteiligten leichter. Handelt es sich um einen komplexeren Vorgang, könnten Sie den Vorgang auch schriftlich festhalten und das der betreffenden Person zuschicken. Damit machen Sie es dem anderen nicht nur leichter, sondern Sie werden wahrscheinlich auch nicht noch einmal gestört, nur weil die Person es schon wieder vergessen hat.

z.B Es gibt viele andere Beispiele für Symptome und Ursachen:

Symptom: Ein eher mittelmäßiger Mitarbeiter wendet sich mit der Bitte um Hilfe, Informationen und Richtlinien an Sie, statt die Sache selber in die Hand zu nehmen.

Typische Reaktion: Sie müssen sich am Wochenende oder an freien Tagen die Zeit nehmen, seine Fragen zu beantworten oder seine Fehler zu korrigieren.

Dauerhafte Lösung: Bilden Sie den Mitarbeiter aus; zeigen Sie ihm, wie er die Sachen richtig macht, und wenn alles nicht hilft, regen Sie seine Versetzung oder Kündigung an.

Symptom: Eine Produktionslinie verursacht mehr Störungen als vergleichbare andere.

Typische Reaktion: Sie werden mindestens zweimal die Woche mitten in der Nacht aus dem Schlaf gerissen, um zu helfen, die Störung zu beseitigen.

Dauerhafte Lösung: Beraten Sie sich mit den entsprechenden Fachleuten, um die eigentliche Störungsstelle ausfindig zu machen und zu beseitigen.

Symptom: Ein Kollege in Asien, mit dem Sie gemeinsam an Projekten arbeiten, kontaktiert Sie immer am Wochenende, um die Fortschritte der vergangenen Woche mit Ihnen durchzusprechen.

Typische Reaktion: Sie hören geduldig zu, während Ihr Kollege alle Einzelheiten detailliert schildert, da Sie weder uninteressiert noch unhöflich wirken wollen.

Dauerhafte Lösung: Bitten Sie den Kollegen, Ihnen den wöchentlichen Bericht per E-Mail zuzuschicken – Sie würden dann innerhalb von 48 Stunden reagieren. Oder vereinbaren Sie am Anfang oder Ende der Arbeitswoche einen festen Termin für eine Telefonkonferenz. Auch wenn das vielleicht bedeutet, dass Sie ein wenig früher am Arbeitsplatz sein müssen oder erst später gehen können (wegen den unterschiedlichen Zeitzonen), ist das immer noch besser als eine Störung am Wochenende.

Bei diesen Beispielen geht es nicht so sehr darum, die Zeit besser in den Griff zu bekommen, sondern um eine Standard-Problemanalyse. Man sollte solche Probleme angehen und lösen, und zwar dauerhaft – und sie nicht zu einem Thema in dem Meeting machen, das wir hier gerade besprechen. Aber es ist eine Tatsache, dass wir alle dazu neigen, uns um Symptome statt um die zugrunde liegenden Probleme zu kümmern; das geht meistens schneller und ist einfacher. Analysiert man die Sache dagegen sorgfältig, löst man das Problem und hat auf Dauer mehr „bedingte Dienstzeit" oder sogar „dienstfrei".

5. *Wiederholen Sie sich – einmal ist keinmal.* Die folgende Bemerkung wird Politikern, Trainern und vielen anderen zugeschrieben; aber egal, von wem sie stammt, sie erläutert den Punkt treffend: „Ich sage den Leuten erst, was ich ihnen sagen werde, dann sage ich ihnen, was es zu sagen gibt und schließlich sage ich ihnen, was ich ihnen gesagt habe."

Einmal ist keinmal!

Dieser eine Satz bringt ganze Managementbibliotheken und -trainings auf den Punkt und ist auch in unserem Kontext ein ausgezeichneter Hinweis. Wir haben uns bereits damit befasst, wie wertvoll es ist, das Gespräch gut vorzubereiten und im Vorfeld zu erklären, worüber Sie reden möchten: das ist „den Leuten sagen, was man ihnen sagen wird." Der Inhalt des Meetings ist natürlich das, „was es zu sagen gibt". Aber der dritte und letzte Schritt wird häufig übersehen, obwohl er durchaus sehr wichtig sein kann. Bevor Sie also das Gespräch beenden, fassen Sie noch einmal zusammen, was vereinbart wurde und welche Schritte, wenn überhaupt, jetzt anstehen.

Kein Ignorieren

6. *Bestätigen – nicht ignorieren.* Das Ergebnis des Gesprächs hängt natürlich davon ab, wie sehr die Leute auf Ihre Vorschläge eingehen. Sie möchten ja, dass sie Verhaltensweisen ändern, und dabei ist Bestätigung und Bekräftigung unerlässlich:

- Sagen Sie dem Kollegen, der Sie vor dem Gespräch häufig am Wochenende oder Abend angerufen hat und es jetzt nicht mehr tut, wie sehr Ihnen das gefällt. Machen Sie am Montagmorgen beispielsweise eine Bemerkung wie: „Vielen Dank, dass Sie mit der Sache bis heute Morgen gewartet haben; das ungestörte Wochenende hat mir gut getan."
- Hinterlassen Sie Ihrem Vorgesetzten die Nachricht, Sie wüssten, dass er bis spät abends am Budget gearbeitet hat, und dass Sie es schätzen, dass er Sie nicht angerufen hat – und bieten Sie ihm an, sich später gegebenenfalls mit ihm zu treffen, um die finanziellen Daten noch einmal durchzugehen. Damit zeigen Sie ihm, dass Sie sich in seine Lage versetzen und ihm gerne helfen, wenn Sie können.

Das soll nicht heißen, dass Sie nun jede kleine Verhaltensänderung andauernd bekräftigen, aber große Veränderungen bei Leuten, die Sie ansonsten häufig in der Freizeit angerufen haben, sollten Sie auf jeden Fall fördern. Denn wenn sie glauben, Sie nehmen gar nicht wahr, wie sehr sie sich zurückhalten, dann ist das vielleicht auch das Ende dieser Zurückhaltung.

Fünf weitere Tipps für produktive Gespräche

Die sechs Schritte sind eine gute Grundlage für die Vorbereitung des Gesprächs. Hier noch ein paar Tipps, was Sie vor und nach dem Gespräch tun können.

1. *Wählen Sie Ort und Zeitpunkt des Gesprächs sorgfältig.* Das klingt vielleicht trivial, ist aber wesentlich für den Erfolg des Gesprächs. Die richtige Zeit und der richtige Ort gewährleisten nämlich, dass dem Gespräch angemessene Aufmerksamkeit zukommt. Dafür gibt es ganz offensichtlich auch schlechte Zeitpunkte: der Montagmorgen beispielsweise oder der Freitagnachmittag um 4 Uhr. Achten Sie auch darauf, keinen Zeitpunkt zu wählen, an dem Ihr Gegenüber der Sache nicht seine ganze Aufmerksamkeit widmen kann. Wenn die Person beispielsweise gerade eine Präsentation für den kommenden Mittwoch vorbereitet, ist ein Gespräch am Dienstag der Sache nicht unbedingt dienlich.

Der Ort sollte so ruhig wie möglich sein. Es ist gewiss ein Pluspunkt, die Tür schließen zu können. Wenn Sie in einem Großraumbüro arbeiten, wäre ein kleines Konferenzzimmer, eine ruhige Ecke in der Cafeteria (natürlich nicht in der Mittagspause) oder vielleicht auch ein Restaurant außerhalb angebracht. Mit der Wahl des Ortes signalisieren Sie ebenso wie mit dem richtigen Zeitpunkt, welche Bedeutung Sie dem Gespräch beimessen.

Wenn es sich um ein Telefongespräch handelt, haben Sie in dieser Hinsicht natürlich nicht viel Handlungsspielraum. Aber Sie können zumindest dafür sorgen, von einem ruhigen Ort aus zu telefonieren, an dem das Thema die volle Aufmerksamkeit hat. Ein Gespräch per Handy auf dem Heimweg im Berufsverkehr ist sicherlich nicht geeignet.

 2. *Versetzen Sie sich in die Lage Ihres Gesprächspartners.* Wir haben schon festgestellt, dass man seine Frustrationen und Bedürfnisse nicht hervorheben sollte, wenn man über Arbeitsplan und Freizeit redet. Sie kennen Ihre eigenen Gefühle gut; es ist aber auch wichtig, sich in die Gefühle des Gesprächspartners hineinzuversetzen.

Fragen Sie sich beispielsweise, wie es seine Arbeit beeinflusst, wenn er Sie am Wochenende oder Abend nicht kontaktieren soll. Geht Ihre Freizeit gegebenenfalls auf seine Kosten? Wenn er erst am Montagmorgen oder Sonntagabend Antwort bekommt, inwiefern durchkreuzen Sie seine Leistungen damit? Ihr Gesprächspartner wird Sie bei Ihren Bestrebungen sehr viel eher unterstützen, wenn Sie ihm *zeigen*, dass Sie sich mit seiner Situation auseinander gesetzt haben und zu einem Kompromiss bereit sind, der auch ihm und seiner Freizeit zugute kommt.

 3. *Verkaufen Sie Vorteile, nicht (nur) Merkmale.* Wir haben bisher nur über ein „Gespräch" gesprochen, und das ist es ja auch. Aber in gewisser Hinsicht ist es ein Verkaufsgespräch, weil Sie den anderen dazu bringen möchten, etwas zu tun, was er ansonsten vielleicht nicht tun würde.

Ich erinnere mich noch genau an eine Aufgabe, die ich am Anfang meiner Karriere meistern musste: Verkaufstraining für angehende Vertreter. Zu den wichtigsten Dingen, die wir diesen Vertretern beibringen mussten, gehörte der Unterschied zwischen Merkmalen und Vorteilen – und wie wichtig es ist, die Vorteile zu verkaufen.

Wir benutzten dabei ein Rollenspiel, in dem der Vertreter versuchte, einer Hausfrau einen Staubsauger zu verkaufen. (Ich sagte doch bereits, dass es der *Anfang* meiner Karriere war.) Ein Merkmal des Staubsaugers war das 5 Meter lange Stromkabel. Aber diese Tatsache verkaufte nicht viele Staubsauger, bis sie zu einem Vorteil gemacht wurde: „Damit sind Sie viel schneller fertig, weil Sie den Staubsauger nicht dauernd in eine neue Steckdose stecken müssen. Unser Staubsauger hat das längste Stromkabel aller Staubsauger auf dem Markt!"

Die Länge des Stromkabels (das Merkmal) mag den Kunden interessiert haben, aber es hat ihn nicht überzeugt; die Tatsache hingegen, dass er die Arbeit mit dem längeren Stromkabel schneller hinter sich bringen konnte (der Vorteil), erlangte sehr viel mehr Aufmerksamkeit und förderte den Verkauf immens – beim Training wenigstens. Das Gleiche gilt, wenn Sie Unterstützung für Ihren neuen Arbeitsplan suchen. Die Tatsache, dass Sie Ihre E-Mails und Voice-Mails am Wochenende nicht so oft abfragen, ist ein Merkmal; der Vorteil für Ihren Kunden ist jedoch, dass Sie ihn in der kommenden Woche besser unterstützen können, weil Sie die Gelegenheit hatten, sich zu entspannen.

Die Vorteile hervorzuheben heißt natürlich nicht, sein Gegenüber zu übervorteilen. Es ist vielmehr eine Methode, das Engagement zu stärken, weil es eine wesentliche Frage stellt: „Was ist für mich drin?" Es gilt also sorgfältig darüber nachzudenken, welche Vorteile Ihr Gegenüber davon hat, mit Ihnen zu kooperieren. Hat es keine glaubwürdigen Vorteile, dann sollten Sie auch nicht versuchen, welche zu erfinden.

 4. *Heben Sie Vorteile hervor, kehren Sie aber mögliche Probleme nicht unter den Teppich.*
Seinen Gesprächspartner erwachsen und ehrlich zu behandeln heißt, neben den Vorteilen die möglichen Probleme nicht zu verschweigen. Denn wenn Sie das tun – und es gibt immer Probleme –, riskieren

Sie, dass Ihr Gesprächspartner sich übervorteilt fühlt, weil er meint, Sie handelten lediglich im eigenen Interesse.

Mal angenommen, Sie möchten Ihren Laptop nicht mit in den Urlaub nehmen, um zweimal täglich Ihre E-Mails abzufragen, wie man Sie gebeten oder wozu man Sie gedrängt hat. Ihr Vorteil liegt auf der Hand, aber Sie stoßen wahrscheinlich auf folgenden Einwand: „Das ist unmöglich! Was ist, wenn wir Fragen zu dem Projekt haben, an dem Sie arbeiten? Wir können es uns nicht erlauben zu warten, bis Sie wieder aus dem Urlaub zurückkommen."

An diesem Punkt dürfen Sie keinesfalls lächeln und signalisieren, dass Sie den Einwurf nicht ernst nehmen: „Das ist doch Unsinn. Ich werde höchstwahrscheinlich nicht gebraucht, und wenn, dann kann das sicherlich auch ein anderer tun." Hier drei Probleme, zu denen eine solche Haltung oder Antwort führt, und ein paar Vorschläge, was sie statt dessen tun und sagen können:

- Wenn Sie lächeln und nicht auf die Bedenken eingehen, vermitteln Sie dem Betreffenden, dass seine Einwände nichts bedeuten, ja sogar lächerlich sind – und man betrachtet Sie im Umkehrschluss als jemanden, der nur an sich denkt und die Bedürfnisse anderer nicht ernst nimmt.
  Stattdessen: Hören Sie sich die Einwände sorgfältig an, nicken Sie, signalisieren Sie Ihre Aufmerksamkeit und antworten Sie nicht, bis der Betreffende ausgesprochen hat.
- Wenn Sie sagen: „Das ist doch Unsinn", signalisieren Sie, wie wenig Ihnen das bedeutet, was der andere zu sagen hat, und dass Sie glauben, er meine es nicht ernst.
  Stattdessen: Wiederholen Sie den Einwand in Ihren Worten, denn damit zeigen Sie, dass Sie den ande-

ren verstanden haben. Wer Einwände hat, möchte vor allem wissen, dass er gehört wurde und dass man berücksichtigt, was ihn bewegt.

● Wenn Sie sagen: „Ich werde höchstwahrscheinlich nicht gebraucht, und wenn, dann kann das sicherlich auch ein anderer tun", behaupten Sie damit, dass der Einwand eigentlich null und nichtig ist. Darüber hinaus vermitteln Sie dem Betreffenden mit dem vagen Hinweis auf irgendeinen namenlosen anderen, dass Sie ihn mit dem Problem allein lassen.

Stattdessen: Geben Sie der Person zu verstehen, dass es vielleicht Momente geben wird, in denen man gerne Kontakt zu Ihnen hätte – Sie könnten sogar das eine oder andere Beispiel einer solchen Situation in der Vergangenheit erwähnen. Damit zeigen Sie, dass Sie die Sache sorgfältig durchdacht haben. Erklären Sie anschließend, wer genau der Ansprechpartner ist und welche Schritte Sie unternommen haben, um zu gewährleisten, dass alles glatt läuft, während Sie Urlaub machen.

Wie Sie sehen, erlangen Sie die Unterstützung anderer am besten, wenn Sie ihre Einwände ernst nehmen, statt sie zu ignorieren oder das Thema zu wechseln.

5. *Informieren Sie die Leute schon weit im Vorfeld.* Sie können die besten Pläne der Welt machen und für alle potenziellen Probleme eine Lösung parat haben, aber Sie dürfen eines nicht vergessen: Sie müssen die Leute im Vorfeld informieren, und zwar sehr genau.

So schwer es auch sein mag, andere zur Unterstützung Ihrer Pläne zu bewegen, es ist bedeutend schwieriger, mit ihrer Frustration und Wut umzugehen, wenn sie nicht informiert waren. Das gilt für Zeiten, die Sie zur „bedingten Dienstzeit" machen wollen, aber noch sehr viel mehr für die Freizeit, in der Sie unerreichbar und nicht verfügbar sein werden, einschließlich freier Tage und Ferien, wenn Sie das so geplant haben.

Im Übrigen reicht es nicht, wenn Ihr Vorgesetzter informiert ist. Auch Ihre Kollegen und andere Menschen in Ihrem Umfeld, die davon betroffen sind, müssen Bescheid wissen. Denn wenn diese sich frustriert an Ihren Vorgesetzten wenden, weil Sie nicht verfügbar waren, als Sie das eigentlich erwartet hätten, bekommen Sie Probleme. Sie müssten also einen Schritt weitergehen und allen Betroffenen erläutern, welche Auswirkungen Ihr Drei-Zonen-Plan für sie haben wird.

Einstudieren

Jetzt ist sicherlich klar, weshalb man die Planung mit dem Chef und allen anderen Betroffenen durchnehmen muss. Wir haben außerdem gesehen, was man tun kann, damit die Kommunikation optimal verläuft und wie man die Unterstützung der Beteiligten erlangt. Bevor Sie die Gespräche jedoch führen, kann es sinnvoll sein, das Ganze mit einem Freund oder Kollegen einzustudieren.

Dafür gibt es drei gute Gründe:

Nur eine Chance

● Es muss gleich beim ersten Mal laufen. Sie werden dieses Gespräch wahrscheinlich nur einmal führen. Natürlich können Sie noch ein zweites Gespräch vereinbaren – aber bis dahin hat auch Ihr Gegenüber Zeit, das Ganze noch einmal zu durchdenken, und er findet womöglich weitere Gründe, weshalb er nicht mit Ihnen kooperieren will oder kann. Es gibt nun mal keine zweite Gelegenheit, einen guten ersten Eindruck zu machen.

Was man beachten sollte, wenn man mit dem Chef spricht

1. *Der Blick in den Spiegel.* Bevor Sie sich mit Ihrem Vorgesetzten treffen, schauen Sie in den Spiegel und fragen Sie sich: „Würde ich mir zustimmen, wenn ich Chef wäre?" Seien Sie ganz ehrlich: Wenn Sie noch Schwachpunkte in Ihrer Argumentation entdecken, dann nehmen Sie sich noch ein bisschen mehr Zeit für die Vorbereitung.

2. *Antizipieren, antizipieren, antizipieren.* Es reicht nicht, sich zu überlegen, was man sagen wird – man muss sich auch überlegen, was der Vorgesetzte antworten wird und wie man mit diesen Antworten umgeht. Verlassen Sie sich nicht auf Ihre Fähigkeit, an Ort und Stelle zu improvisieren.

3. *Vorgesetzte sind (meistens) keine Ungeheuer.* Sicherlich gibt es Chefs, denen es Spaß zu machen scheint, ihre Mitarbeiter zu gängeln, aber das ist eher die Ausnahme. Wenn Sie vernünftige Argumente haben und einen detaillierten Plan, dann können Sie beruhigt und mit einer positiven Grundhaltung zu dem Gespräch gehen.

● *Übung macht den Meister.* Wenn Sie das Ganze mit einem Freund einstudieren,

> Üben Sie!

der die betreffende Person kennt, kann er dessen Rolle übernehmen und Ihren Argumenten realistische Einwände gegenüberstellen. Es ist bedeutend besser, bei einem Probedurchlauf über solche Einwände nachzudenken und eine Antwort zu finden, als während des eigentlichen Gesprächs. Damit kann ein Probelauf einen wesentlichen Beitrag zu Ihrem zukünftigen Erfolg liefern, insbesondere wenn Sie mehrere Möglichkeiten durchspielen.

● *Selbstvertrauen erhöht das Maß an Kompetenz.* Es gibt wahrscheinlich niemanden, der sich wirklich auf ein Gespräch wie dieses freut. Sie sprechen mit jemandem, der sich auf Sie verlässt und möglicherweise eine gewisse Autorität oder Kontrolle über Sie ausübt, und Sie bitten diese Person, einen Plan zu unterstützen, durch den Sie nicht mehr so leicht erreichbar und verfügbar sein werden – was es zumindest anfangs für ihn nicht einfacher macht. Die meisten Leute haben solche Gespräche noch nie geführt; will man es aber gut machen, dann muss man seinen Fähigkeiten voll vertrauen können. Je mehr Selbstvertrauen Sie aufbringen (aufgrund der Übung), desto kompetenter werden Sie erscheinen, und desto wahrscheinlicher wird Ihr Erfolg.

Wie solch ein Gespräch verlaufen kann

Damit Sie einen besseren Eindruck bekommen, wie solch ein Gespräch verlaufen könnte, hier die gekürzte Fassung eines Austauschs zwischen einem an Zeitknappheit leidenden Mitarbeiter und seiner Chefin. Beachten Sie bitte, dass dies kein Drehbuch oder Modellgespräch ist, sondern ein rein hypothetisches, aber realistisches Beispiel. Es kann Ihnen helfen, sich den Gesprächsfluss bei einem Dialog besser vorzustellen, so dass Sie gut vorbereitet sind und mehr Selbstvertrauen haben.

Zunächst der Hintergrund

 Das Gespräch führen Martin Schneider (MS) und Vera Neubauer (VN). Martin ist Produktmanager bei einer Firma für Verpackungsmaterial, und Vera leitet diesen Geschäftszweig. Martin wurde ursprünglich als Vertreter eingestellt, arbeitet seit zwei Jahren für das Unternehmen und bekommt ausgezeichnete Leistungsberichte, macht seine Arbeit gern, kommt bei den Kollegen gut an und gilt als Mitarbeiter mit guten Aufstiegschancen.

Allerdings macht er sich zunehmend Sorgen darüber, dass seine Arbeit ihm immer mehr Zeit mit der Familie raubt. Das war nicht immer so, aber im letzten halben Jahr kommt es ihm so vor, als würde die Arbeitswoche nie enden. Anrufe von Vera und anderen, dazu das Gefühl, er müsse seine E-Mails und Voice-Mails mindestens zweimal die Stunde abrufen – und das bis spät am Abend und an den Wochenenden – sind ein Problem, das besprochen werden muss. Vor einer Woche hat Martin das kurz und sehr allgemein mit Vera angesprochen und sie gebeten, dass sie sich heute – Mittwoch – eine Stunde zusammensetzen und darüber sprechen:

MS: Vielen Dank, dass Sie sich Zeit für mich genommen haben. Ich weiß, Sie sind ziemlich beschäftigt mit den beiden neuen Produkten, die wir demnächst auf den Markt bringen.

VN: Da haben Sie völlig Recht. Manchmal weiß ich gar nicht, wo mir der Kopf steht.

MS: Genau über dieses Thema würde ich gerne reden, Frau Neubauer. Sie wissen sicherlich, wie gerne ich meine Arbeit mache, insbesondere bei diesen neuen Produktlinien. Seit ich vom Außendienst in den Innendienst gewechselt bin, habe ich sehr viel gelernt und getan. Aber inzwischen habe ich das Gefühl, als würde ich nur noch arbeiten.

VN: Das geht mir genauso. Ich hatte mir letzte Woche vorgenommen, wenigstens einen Tag am Wochenende ganz für mich zu haben und nicht an die Arbeit zu denken, aber als ich dann den neuen Zeitplan für die Markteinführung bekommen habe, konnte ich das wieder vergessen. Wir müssen uns wirklich beeilen.

MS: Ja, ich habe den Zeitplan gesehen. Sieht so aus, als müssten wir die ersten Produkte schon einen Monat früher abschicken als geplant. Das ist natürlich großartig, nur weiß ich nicht, wie wir das alles geregelt kriegen sollen.

VN: Das ist ganz einfach – wir werden einfach noch ein paar Stunden zulegen und uns zeitweilig aus unserem Privatleben verabschieden.

MS: Sieht so aus, als ginge es uns allen so. Aber je mehr ich darüber nachdenke, desto mehr Sorgen mache ich mir deswegen.

VN: Ach ja, wieso?

MS: Ich möchte Ihnen ein paar Beispiele geben. Wir haben bei uns zu Hause die Tradition, dass ich den Kindern jeden Abend vor dem Schlafen eine Geschichte vorlese; das mache ich schon, seit sie ganz klein waren, ganz egal, was sonst noch los ist. Vorgestern abend wurde mir klar – ich saß in meinem Arbeitszimmer und hörte, wie die Kinder ins Bett gingen –, dass ich ihnen in den letzten beiden Wochen nur ein- oder zweimal vorgelesen hatte. Normalerweise ist das nur bei Geschäftsreisen so.

VN: Ich verstehe, dass Ihnen das zu schaffen macht.

MS: Außerdem spiele ich Basketball und komme mir schon wieder wie ein Anfänger vor...

VN: Basketball? Verschafft Ihnen die Arbeit nicht genügend Training?

MS: Ja, und das ist genau das Problem. Wir treffen uns seit fast einem Jahr jeden Samstagmorgen mit ein paar Leuten aus der Nachbarschaft und spielen Basketball. Sie können mir glauben, dass wir weit davon entfernt sind, wie Profis zu spielen – aber es hält uns alle ziemlich fit. Jeder, der ein Spiel ausfallen lässt, wird vom Rest der Gruppe ziemlich gehänselt.

Mir wurde klar, dass ich in den letzten Monaten ein oder zwei Spiele pro Monat verpasst habe, weil ich zu Hause gearbeitet habe. Und am letzten Wochenende war ich zwar da, aber jemand meinte, ich wäre mit den Gedanken wohl ganz woanders. Das hat mich ziemlich nachdenklich gestimmt.

VN: Herr Schneider, ich weiß, dass die letzten Monate ziemlich hart für Sie gewesen sind. Das waren sie für uns alle. Aber so ist es eben dieser Tage, wir versuchen alle in immer weniger Zeit immer mehr Arbeit zu leisten. Ich kann das nicht ändern.

MS: Und genau darum geht es. Ich denke nämlich, dass wir etwas tun können, und ich habe sehr genau darüber nachgedacht. Es geht nicht darum, meinen Anteil an der Arbeit auf Kosten anderer zu verringern, aber ich habe entschieden, dass ich einen Weg finden muss, mir irgendwie längere Pausen zu verschaffen.

VN: Sie haben das entschieden? Das ist ja interessant. Was hatten Sie gedacht: jeden Tag um halb fünf nach Hause zu gehen und das Wochenende in der Hütte am See zu verbringen?

MS: Das wäre gar nicht schlecht, oder? Aber das ist wenig realistisch, und ich denke, Sie kennen mich gut genug und wissen, dass ich nicht mal im Traum an so etwas denken würde. Ich möchte einfach versuchen, meine Arbeit besser von meinem Privatleben abzugrenzen. Wie die Dinge im Moment stehen, habe ich das Gefühl, keine Atempause zu haben. Wenn ich nicht arbeite, denke ich über die Arbeit nach, beantworte E-Mails von Ihnen oder Kollegen, oder ich rede mit jemand aus dem Team über die Arbeit und so weiter. Mir war nicht klar, wie weit das bereits gediehen ist, bis meine Nachbarn es mir beim Basketball sagten und meine Kinder mich vor kurzem fragten: „Weshalb liest du uns nicht mehr vor?"

VN: Ich kann verstehen, dass Ihnen das Sorgen bereitet. Aber wie ich schon sagte, ich wüsste nicht, wie ich Ihre Arbeitslast verringern könnte; Sie wissen doch, unter welchem Druck wir stehen, eine erstklassige Markteinführung hinzulegen.

MS: Es geht mir gar nicht darum, weniger Arbeit zu leisten als bisher – ich möchte sie lediglich ein wenig eingrenzen. Mir ist klar, dass meine Fähigkeit – aber auch unser aller Fähigkeit –, die neuen Produkte gut zu lancieren, darunter leiden wird, wenn wir uns nicht ab und zu ein wenig von der Arbeit trennen und wieder aufladen können. Sonst haben wir doch das Gefühl, in einer endlosen Tretmühle gefangen zu sein. Nach einer Weile ist es schwierig, das gewünschte Tempo beizubehalten und keine groben Schnitzer zu machen.

VN: Da möchte ich Ihnen keineswegs widersprechen.

MS: Also ich dachte an Folgendes: Es kommt mir so vor, als sei meine Arbeit in Zeiträume eingedrungen, die normalerweise Freizeit wären oder an denen man von mir eigentlich nicht erwarten kann, Anrufe entgegenzunehmen oder E-Mails zu beantworten. Das heißt nicht, dass ich Laptop, Beeper und E-Mail-Zugang loswerden will. Ich suche vielmehr nach einer Möglichkeit, ihnen wieder den gebührenden Platz zuzuweisen.

VN: Sie schlagen also vor, beispielsweise Ihren Beeper um 18 Uhr abzuschalten und am Wochenende keine E-Mails mehr abzurufen?

MS: Nicht ganz. Etwas in die Richtung. Ich würde gerne eine Vereinbarung über Zeiträume mit Ihnen treffen, in denen ich Ihnen und dem Rest der Abteilung nicht zu 100 Prozent zur Verfügung stehe. Denn ehrlich gesagt, ich habe das Gefühl, dass mein Laptop, der Beeper und die Voice-Mail Instrumente sind, die mich quälen, statt mir zu helfen.

VN: Ich glaube, ich verstehe, was Sie meinen. Aber mir ist nicht klar, was Ihrer Meinung nach wirklich anders werden soll.

MS: Wenn ich zum Beispiel an E-Mail oder Voice-Mail denke, dann gibt es scheinbar eine stille Vereinbarung, sie in der regulären Arbeitszeit einmal pro Stunde abzurufen. Falls jemand sofort eine Antwort braucht, kann er uns darüber hinaus auch anbeepen und innerhalb einer Viertelstunde eine Reaktion erwarten. Das sind vernünftige Erwartungen, aber ich habe ein Problem damit, dass man das anscheinend auch abends und am Wochenende erwartet.

Ich glaube, wenn ich mich nicht mehr verpflichtet fühlen würde, meine E-Mails und Voice-Mails jede Stunde abzurufen, und wenn wir Zeiten vereinbaren könnten, an denen ich sie überhaupt nicht abzurufen brauche, dann würde mir das wirklich helfen, mich besser zu entspannen und Energie zu tanken. Ich bin mir ziemlich sicher, dass ich dadurch erholter zur Arbeit kommen würde und mit einem klaren Kopf, bereit die Dinge anzupacken.

VN: Hmmm … eine interessante Idee. Eine Art „arbeitsfreie Zone?"

MS: Nicht ganz. Es geht nicht darum, um 18 Uhr nach Hause zu gehen und bis zum nächsten Morgen überhaupt nicht mehr zu arbeiten. Ich schlage vielmehr vor, meine Voice-Mails und E-Mails in den Abendstunden – sagen wir mal von 19 bis 23 Uhr – nur einmal abzufragen. Wenn es eine echte Krise gibt, oder etwas, das absolut nicht bis zum nächsten Morgen warten kann, haben wir ja alle die Privatnummern der Kollegen und können uns gegenseitig erreichen.

VN: Und was ist mit dem Basketballspiel am Samstag?

MS: Es geht nicht nur um Basketball. Es wäre nur gut, wenn es wenigstens einen Tag in der Woche gäbe, der nichts mit der Arbeit zu tun hat. Keine E-Mail, keine Voice-Mail, kein Beeper, kein gar nichts – einfach echte Freizeit, in denen ich meiner Familie und meinem Privatleben die volle Aufmerksamkeit widmen kann. Wenn wir beispielsweise beschließen würden, dass der Samstag gänzlich arbeitsfrei ist, würde das bedeuten, dass ich am Sonntag meine Voice-Mails und E-Mails alle 2 bis 3 Stunden abrufe und sicherlich ein paar Stunden in meinem Arbeitszimmer auf dem Laptop rumhämmere.

VN: Das sieht aus Ihrer Sicht vielleicht ganz gut aus, aber was würde das für die anderen bedeuten? Was, wenn einer von uns beschließen sollte, am Samstag zu arbeiten, und ein paar Informationen von Ihnen braucht?

MS: Wenn das wirklich dringend ist und absolut nicht bis Sonntag warten kann, dann haben die Kollegen ja meine Privatnummer. Ich würde nur dafür plädieren, dass sie sich vor einem Anruf kurz überlegen, ob es wirklich nicht bis Sonntag warten kann. Außerdem, da wir ja einer Meinung sind, dass dies durchaus ein Problem aller sein könnte, liegt die Überlegung nahe, dass jeder einen derartigen Zeitplan erstellt.

VN: Ich verstehe. Ich verschickte also ein Memo nach dem Motto: „Ab sofort werdet ihr samstags nicht arbeiten und nur im absoluten Notfall eine Voice-Mail oder E-Mail beantworten."

MS: Das wäre natürlich eine Möglichkeit, aber wahrscheinlich nicht die beste. Ich meine nur, es ist vielleicht an der Zeit, dass wir uns alle dieses Thema einmal ansehen, denn Sie wissen so gut wie ich, dass wir uns alle extrem unter Druck gesetzt fühlen. Wann haben Sie das letzte Mal an einem Samstag oder Sonntag etwas getan, ohne dauernd von Ihrem Beeper gestört zu werden?

VN: Lang, lang ist's her. Ich verstehe, was Sie sagen und weshalb. Ganz egal, wie viel Arbeit wir haben, niemand sollte das Gefühl haben, es sei verboten, ab und zu mal eine Pause zu machen und ein Privatleben zu führen. Wie Sie wissen, habe ich keine Familie, also einige Fragen, die Sie angesprochen haben, sind in meinem Fall nicht so wichtig. Aber ich könnte sicherlich auch ab und zu eine Pause brauchen.

MS: Ich bin froh, dass Sie das so sehen, Frau Neubauer. Ich weiß, unter was für einem Druck Sie bei solchen Produkteinführungen stehen. Ich glaube einfach, dass wir alle bessere Arbeit leisten, wenn wir ab und zu einmal alles hinter uns lassen und uns ein wenig entspannen, und sei es auch nur für kurze Zeit.

VN: Sie haben mir einiges zu denken gegeben, Herr Schneider. Nicht nur, was Sie betrifft, sondern auch den Rest der Abteilung und mich selbst. Geben Sie mir ein bisschen Zeit, darüber nachzudenken, und dann werden wir spätestens Freitag noch einmal darüber reden. Ich weiß nicht, ob ich Ihnen garantieren kann, dass Sie zu bestimmten Zeiten überhaupt nicht verfügbar und erreichbar sein müssen – ob wir es wollen oder nicht, wir stehen alle vor den gleichen Anforderungen. Ich verstehe aber auch, weshalb Ihnen, aber eigentlich uns allen das Ganze so wichtig ist.

MS: Vielen Dank, Frau Neubauer. Mir ist klar, dass dies ein schwieriges Thema ist, und ich hätte es nicht angesprochen, wenn ich es nicht auch für die Firma für wichtig halten würde.

Zurückgespult: Was geschah, wie es geschah, und warum

Wir wollen das gesamte Gespräch noch einmal durchgehen und analysieren, wie es Ihnen bei Ihren zukünftigen Gesprächen mit Vorgesetzten und Kollegen helfen kann. Sicher, es war ein hypothetisches Gespräch, aber es hätte genau so laufen können, denn:

- die Probleme sind typisch;
- die beiden Personen haben miteinander geredet, wie die meisten Menschen miteinander reden würden;
- das Gespräch hatte einen positiven Ausgang, auch wenn noch ein paar „lose Enden" übrig sind, um die man sich später kümmern muss.

Wir haben uns nicht mit Erreichbarkeit im Urlaub befasst, weil das Gespräch sonst bedeutend länger und komplizierter geworden wäre – außerdem ziehen die meisten Menschen erst einmal Grenzen in ihrer normalen Arbeitswoche. Schließlich arbeitet man häufiger als Ferien zu haben.

Dieser Dialog vermittelt drei Einsichten:

1. *Martin: War ruhig, vorbereitet und hat den Köder nicht geschluckt.* Martin beschrieb, wie unangenehm es ihm war, seinen Kindern nur noch selten eine Gutenachtgeschichte vorlesen und kaum Basketball mit den Nachbarn spielen zu können, und dass er andauernd an die Arbeit dachte. Aber er war offensichtlich nicht verbittert oder böse auf Vera und stellte auch keine Forderungen. Er schilderte die Probleme so, dass sich der Ernst der Lage gut vermittelte und zeigte außerdem, dass er darüber nachgedacht hatte, wie man das Ganze im Sinne der Firma lösen könnte.

Ab und zu reagierte Vera ein bisschen zynisch oder emotional, und das hätte Martin zu einer Verteidigungshaltung bewegen können, als sie zum Beispiel sagte: „*Sie* haben das entschieden? Das ist ja interessant. Was hatten Sie gedacht: jeden Tag um halb fünf nach Hause zu gehen und das Wochenende in der Hütte am See zu verbringen?" Aber seine Antwort war angemessen und positiv.

 Was man daraus lernen kann: Wenn Sie Ihre Ideen im Vorfeld des Gesprächs gut durchdenken und das Ganze als Rollenspiel durchspielen, in dem Ihr Vorgesetzter Gegenargumente bringt und vielleicht auch ein wenig zynisch reagiert, dann werden Sie im eigentlichen Gespräch nicht ärgerlich reagieren, und es wird sehr viel produktiver ablaufen. (Mehr darüber am Ende dieses Kapitels.)

2. *Vera: Die strenge oder mitfühlende Chefin.* Wir haben gesehen, wie Vera zwischen diesen beiden Grundhaltungen hin und her pendelte. Manchmal zeigte sie Verständnis und gab sogar zu, dass sie ähnliche Erfahrun-

gen hatte, aber sie reagierte auch wie eine typische Vorgesetzte, die selbst sehr viel Druck ertragen muss, und war vielleicht sogar ein wenig schockiert darüber, dass einer ihrer Mitarbeiter sie um mehr Freizeit anging.

 Was man daraus lernen kann: Obwohl manche Vorgesetzte vor allem streng sind und kein Mitgefühl haben, sind die meisten das nicht. Wenn man etwas Vernünftiges vorzutragen hat und daran offensichtlich vernünftige Erwartungen knüpft, und wenn man außerdem zeigt, dass man der eigenen Verantwortung gerecht werden möchte, dann werden die meisten Manager positiv reagieren und versuchen, das Problem zu lösen.

3. *Die auch weiterhin offene Frage.* In unserem hypothetischen Gespräch war die Sache am Ende ziemlich klar, auch wenn Vera sagte, sie bräuchte noch ein wenig Zeit, um über die ganze Sache nachzudenken. Wir hatten jedenfalls den Eindruck, dass Martin seine Sache gut vertreten hatte und dass beide kurz vor einer Lösung in beiderseitigem Einvernehmen standen. Einige andere Fragen wurden übrigens nicht aufgeworfen:

- wie die anderen Mitarbeiter reagieren würden – und was man tun müsste, wenn alle das Gleiche wollen;
- was zu tun wäre, wenn tatsächlich jemand versuchen würde, Martin am Wochenende zu erreichen, und erst Montagmorgens eine Antwort bekäme;
- Was Vera ihrem Vorgesetzten sagen würde, wenn dieser Martin um 21 Uhr eine dringende E-Mail schicken würde und erst am nächsten Morgen eine Antwort bekäme;
- Ob Vera bei der Leistungsbeurteilung Martin jetzt geringer einstufen würde, weil er striktere Grenzen zwischen seiner Arbeit und Freizeit zieht.

Was wäre, wenn…? | Dies alles gehört zu den möglichen Folgen eines solchen Gesprächs. Es reicht also nicht darüber nachzudenken, wie Sie optimal mit dem Vorgesetzten, Kollegen oder wichtigen Kunden sprechen können. Sie müssen sich außerdem mit einer Menge „was wäre wenn" auseinander setzen, wie ein guter Schachspieler immer einige Züge voraus denkt, bevor er seine Figur ergreift.

Und nicht zuletzt blieb in diesem Gespräch die kurze Zusammenfassung am Ende unberücksichtigt, die wir vorhin in Schritt 5 behandelt haben, ebenso wie die Bekräftigung/Bestätigungen von Schritt 6. Aber der Plan war ziemlich simpel und Martin hat sich bemüht, ihn im Gespräch selbst Schritt für Schritt darzulegen. Bekräftigungen und Bestätigungen erfolgen natürlich erst in der Zeit nach so einem Gespräch.

Umgang mit Einwänden

Einen Teil meiner stellenweise missratenen Jugend habe ich mit der Lektüre des Comics MAD verbracht, der monatlich jede Menge Satire, Parodien und schwarzen Humor bietet.

Ganz besonders gefiel mir die Rubrik: „Kurze Antworten auf dumme Fragen" vom MAD-Veteranen Al Jaffee. Ein Beispiel: Wir sehen eine Schlange vor einem Schalter stehen und ein Mann kommt auf die letzte Person in der Reihe zu und fragt: „Sind Sie Letzter in der Reihe?" Folgende „kurze Antworten" werden aufgelistet:

Nein, ich bin der Erste. Wir stehen alle falsch herum!

Nein, dies ist das Ende eines Güterzugs und ich bin der Puffer!

Nein, wir sind nur ein paar Spaziergänger und wir stehen durch einen ganz fantastischen Zufall alle hintereinander!

Als Vera sagte: „*Sie* haben das entschieden? Das ist ja interessant. Was hatten Sie gedacht: jeden Tag um halb fünf nach Hause zu gehen und das Wochenende in der Hütte am See zu verbringen?", hätte ich Martin auf Grund meiner langjährigen MAD-Lektüre fast antworten lassen: „Eigentlich hatte ich geplant, um 17 Uhr nach Hause zu gehen, aber halb fünf klingt bedeutend besser. Danke – ich wusste ja, dass Sie mich verstehen würden!"

Aber dann habe ich den Dialog doch lieber normal laufen lassen – und Sie sollten der Versuchung einer solchen Antwort auch widerstehen, es sei denn, Sie haben bereits einen anderen Job und möchten mit fliegenden Fahnen Ihren Abgang machen.

Als letzter Schritt in der Vorbereitung hier ein paar Vorschläge, mit denen Sie das Gespräch in ruhigem Fahrwasser halten können. Ich überlasse Ihnen, sich selbst ein paar „kurze Antworten" zu überlegen, mit denen Sie Ihre Karriere in der Firma beenden könnten.

Falls Sie zu hören bekommen: „Wer hat denn gesagt, Sie hätten ein Recht auf freie Abende und Wochenenden? Wachen Sie auf, dies ist das Informationszeitalter, und wir haben einfach keine Zeit mehr, Ruhepausen einzulegen!"

… Könnten Sie antworten: „Glauben Sie mir, ich kenne das Problem. Alles hätte eigentlich schon gestern fertig sein sollen. Aber das Problem ist doch, dass wir alle schon diese Geschwindigkeit haben und dass es der Arbeit nicht zugute kommt. Es geht nicht darum, jeden Abend und das Wochenende frei zu haben; das wäre zwar wunderbar, ist aber ziemlich unrealistisch. Ich möchte lediglich zu einer Vereinbarung kommen, dass wir diese Zeiten nicht so behandeln wie die normalen Arbeitszeiten von Montag bis Freitag. Ich übernehme meine Verantwortung gerne – ich möchte nur ab und zu ein wenig Zeit für mich haben und nicht gezwungen sein, auch am Abend und Wochenende genauso verfügbar und erreichbar zu sein wie in der Woche."

Falls Sie zu hören bekommen: „Ich weiß doch, wie wunderbar es wäre, in den Ferien mit alledem nichts mehr zu tun zu haben. Aber Sie wissen, wie dünn die Decke unserer Mitarbeiter ist – ich kann es mir einfach nicht leisten, dass jemand ein paar Tage unerreichbar ist, geschweige denn eine Woche oder mehr."

… *Könnten Sie antworten:* „Das verstehe ich gut – wir haben zu viel zu tun und zu wenige Leute, und ich weiß auch, dass das noch eine ganze Weile so bleiben wird. Aber das ist genau der Grund, weshalb ich denke, dass es sinnvoll ist, ab und zu aus der Tretmühle auszusteigen und dem Gehirn ein wenig Ruhe zu gönnen. So wie es ist, bin ich aus den letzten Ferien, ehrlich gesagt, müder zurückgekommen und frustrierter, als ich sie angetreten habe. Es sind einfach keine Ferien, wenn man seine Voice-Mails und E-Mails morgens, mittags und abends runterladen und zwischendurch noch mehrfach auf den Beeper reagieren muss. Vielleicht kann man den Stecker nicht komplett rausziehen, aber es wäre gut, wenn wir vereinbaren könnten, dass man seine Mails in den Ferien nur einmal täglich abruft.

Falls Sie zu hören bekommen: „Aber natürlich geht Ihr Beeper am Abend und natürlich erwarten wir von Ihnen, dass Sie noch mal Ihre E-Mails checken – weshalb hätten wir sonst so viel Geld für diese Technik ausgeben sollen?"

… *Könnten Sie antworten:* „Mir ist klar, dass die Firma viel in diese Geräte investiert hat, und ich möchte keinesfalls zurück in die alte Zeit. Aber es gibt einen Punkt, an dem diese Geräte nicht mehr helfen, sondern nur noch quälen. Wenn es wirklich ein dringendes Problem oder einen Notfall gibt, sollten Sie natürlich Kontakt aufnehmen, aber in allen anderen Fällen schlage ich vor, den Beeper abends nicht mehr zu benutzen und die E-Mails nur einmal am Abend abzurufen. Ansonsten wird all diese wertvolle Technik zu etwas, das meine Familie und ich hassen – und das würde ich gerne vermeiden, wenn es irgendwie geht.

Und nun der ultimative Einwand:

Falls Sie zu hören bekommen: „Nun, wenn Sie Ihren Teil der Arbeit nicht mehr leisten möchten und als Team-Spieler ausfallen, sollten Sie sich vielleicht nach einer anderen Arbeitsstelle umsehen."

 … Könnten Sie antworten: „Ich will ganz ehrlich sein: Diese Aussage macht mir zu schaffen. Ich denke, Sie haben im letzten halben Jahr gesehen, dass ich gerne bereit bin, alle notwendigen Überstunden zu machen, damit wir unsere Fristen halten. Es gibt jedoch einen Punkt, an dem die Arbeit nicht mehr nur ein Teil meines Lebens ist, sondern es ganz in Beschlag nimmt, und das ist nicht akzeptabel. Falls Sie der Meinung sind, meine Leistungen ließen insgesamt zu wünschen übrig, dann sollten wir darüber reden, denn ich arbeite gerne hier und leiste meinen Beitrag von Herzen. Aber ich wünschte mir, dass Sie verstehen, wie sehr sich die Grenzen zwischen meinem Berufs- und Privatleben verwischt haben, und dass es an der Zeit ist, sie wieder klar und deutlich zu ziehen. Vielleicht sollten wir uns überlegen, wie das möglich wäre, und ich das Team und die Firma dennoch optimal unterstützen kann."

Beim Lesen dieser Gespräche haben Sie vielleicht auch gedacht, dass einem solche klaren, ruhigen und nachdrücklichen Antworten meistens erst dann einfallen, wenn man nicht mehr in der Situation steckt.

Es ist jedoch mein Ziel, Ihnen zu helfen und Sie zu ermutigen, auch im Gespräch mit solchen positiven Reaktionen aufzuwarten. Wenn Ihnen klar ist, wie Ihre innere Einstellung Ihnen helfen kann, solche Einwände zu entschärfen und Ihre Ziele zu erreichen, werden Sie in der konkreten Situation darauf zurückgreifen können und Erfolg haben.

> **Ihre Einstellung zählt!**

Weder Sie noch ich können bestimmen, wie unsere Kunden, Kollegen oder Vorgesetzten mit uns reden werden; deshalb haben wir in diesem Kapitel hervorgehoben, was man tun kann, um diesem Gespräch auf die Sprünge zu helfen. Im nächsten Kapitel werden uns die andere Seite dieses Vorgangs ansehen: was man tun kann, wenn man der Chef ist.

Kapitel 7

Was tun, wenn man Chef ist?

Würden wir in einer idealen Welt leben, wäre dieses Kapitel überflüssig, weil Arbeitgeber schon längst die Probleme erkannt und gebannt hätten, die ihre Mitarbeiter bekommen, wenn sie keine richtige Grenze zwischen Berufs- und Privatleben ziehen. Manager in holzgetäfelten Büros hätten schon längst folgendes Edikt erlassen: „Unsere Mitarbeiter haben ein Recht auf ausreichend Freizeit und Privatleben!" Die Bürotüren würden spätestens um 18 Uhr abgeschlossen und erst am nächsten Morgen um 7 Uhr wieder geöffnet, und die Systeme für E-Mail und Voice-Mail wären wegen Wartungsarbeiten von 20 Uhr am Freitag bis 20 Uhr am Sonntagabend nicht erreichbar.

Freie Tage und Ferien wären heilig; nie wieder würde von einem erwartet, den Laptop, Beeper oder das Handy mit in den Urlaub zu nehmen. Und, wichtiger noch, das Arbeitsumfeld in den Unternehmen wäre unkompliziert und angenehm.

Wolkenkuckucksheim

Das wird wohl immer ein Traum bleiben. Inzwischen müssen wir mit der Welt leben, wie sie ist. Dort wissen nur wenige Arbeitnehmer, dass es dieses Problem überhaupt gibt, und noch viel weniger haben damit angefangen, wieder eine Grenze zu ziehen. Wird sich das im Laufe der Zeit ändern? Vielleicht. Wird es sich schon bald ändern? Wahrscheinlich nicht.

Kapitel 4 bis 6 ist für Leute, die diese Grenze selber ziehen möchten, wobei wir davon ausgehen, dass diejenigen, die diese Probleme am eigenen Leib erfahren, sie auch am besten lösen können. In diesem Kapitel werden wir uns damit befassen, wie Manager das unterstützen oder ihre Mitarbeiter dazu animieren können, sich mit diesem Thema zu befassen. Das kann Veränderungen einleiten, die der Manager ermutigen und fördern kann.

(Manager sind natürlich auch Angestellte und wurden in den vorigen Kapiteln in dieser Funktion angesprochen. In diesem Kapitel jedoch geht es um ihre Funktion als Vorgesetzte und wie sie das Verhalten ihrer Mitarbeiter in dieser Hinsicht beeinflussen können.)

Der Handlungsspielraum von Managern

Der Vorgesetzte, dem es sinnvoll vorkommt, auf die genannten Grenzen zu achten, steht vor einer Gratwanderung: Einerseits sollte er die Mitarbeiter animieren, sich mit dem Thema zu befassen, und andererseits muss er sie bei einer Verhaltensänderung unterstützen oder sie sogar verlangen. Ich halte es für genauso unproduktiv, wenn Manager von ihren Mitarbeitern verlangen, ihre E-Mails und Voice-Mails am Wochenende mindestens dreimal täglich abzufragen, wie es ihnen samt und sonders zu verbieten. Beide Forderungen führen zu Problemen.

Ihr Handlungs-
spielraum

Ein Weg aus diesem Dilemma besteht darin, seinen Handlungsspielraum wie folgt aufzugliedern:

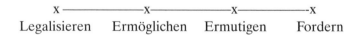

| x ——————————x——————————x——————————-x |
| Legalisieren   Ermöglichen   Ermutigen   Fordern |

Sehen wir uns die Optionen näher an:

Legalisieren

Legalisieren bedeutet, die Mitarbeiter nicht herunterzuputzen, zu strafen, unter

Druck zu setzen, in Verlegenheit zu bringen oder sonstwie zu maßregeln, wenn diese vernünftige Grenzen zwischen ihrem Berufs- und Privatleben ziehen wollen. In vielen Firmen gibt es bestimmte „kriminelle" Verhaltensweisen, die zwar nicht buchstäblich illegal sind, aber als ziemlich gefährlich für die Karriere oder den Arbeitsplatz gelten und von denen daher abzuraten ist.

So ist es in manchen Unternehmen beispielsweise „illegal":

- Vorgesetzten in einem Meeting oder im öffentlichen Raum zu widersprechen;
- sich bei einem Meeting mehr als 5 Minuten zu verspäten;
- bei einem öffentlichen Anlass im Unternehmen mehr als ein oder zwei Gläser zu trinken;
- in der Öffentlichkeit zu fluchen oder vulgäre Ausdrücke zu benutzen.

Solche Normen haben meistens tiefe Wurzeln, die sich auch über Anekdoten verbreiten, z. B.: „Ich kann mich noch daran erinnern, wie Elmar Knopp 1991 in einem Meeting aufstand und dem Vizevorsitzenden sagte, dass seine Zahlen so nicht stimmten. Der arme Elmar stand eine Woche später auf der Straße – und niemand hat je wieder irgendeinem hohen Tier widersprochen."

Auf gleiche Weise kann es als „kriminell" gelten, wenn Mitarbeiter am Wochenende keinen Beeper dabei haben oder sich weigern, einen Laptop mit in den Urlaub zu nehmen. Wenn also ein Manager solche Verhaltensweisen legalisiert, vermittelt er seinen Leuten, dass solche Verhaltensweisen nicht mehr geahndet werden.

Das heißt natürlich nicht, dass sich das sofort ändert, aber den Mitarbeitern wird nach und nach klar, dass sie nichts mehr zu befürchten haben. Das ist ein kleiner Schritt, da er weder eine Veränderung erzeugt noch stimuliert, aber zumindest weiß jetzt jeder, dass Sie es akzeptieren, wenn Ihre Mitarbeiter in dieser Hinsicht etwas ändern wollen.

> **Ermöglichen**

Ermöglichen bedeutet, dass der Manager die entsprechenden neuen Verhaltensweisen nicht nur akzeptiert, sondern es seinen Mitarbeitern leichter macht, diese anzunehmen. Der Manager wird selber zwar nicht aktiv, lässt seine Leute aber wissen, dass er alles in seiner Macht stehende tun wird, um sie dabei zu unterstützen.

Was ein Manager tun kann, um seinen Mitarbeitern zu ermöglichen, das Drei-Zonen-Modell einzuführen:

- Er sollte den Mitarbeitern, die diese Änderungen durchführen wollen, für Gespräche zur Verfügung stehen.
- Er sollte bereit sein, alle Möglichkeiten durchzusprechen und die Interessen des Mitarbeiters (auf Wunsch) bei anderen Vorgesetzten oder Abteilungen vertreten.
- Er sollte die Wünsche des Mitarbeiters nach „bedingten Dienstzeiten" und „dienstfreien" Zeitzonen respektieren, sofern sie der Aufgabe der Abteilung nicht zuwiderlaufen.
- Er sollte bereit sein, den Mitarbeitern sofort Feedback zu geben, wenn es bei der Anwendung der drei Zonen Probleme gibt.

„Ermöglichen" heißt, Mitarbeitern zu helfen, sie zu unterstützen und zu einer Änderung zu befähigen, aber nicht, von sich aus die Interessen des Mitarbeiters zu vertreten. Es handelt sich also um eine eher subtile Unterstützung – sie geht weiter als bei der „Legalisierung", aber der Manager spielt dennoch keine aktive Rolle.

> **Ermutigen**

Ermutigen ist der nächste Schritt in diesem Spektrum; er beinhaltet, dass der Manager eine Veränderung initiiert, weil er es für wichtig hält, dass seine Mitarbeiter eine eindeutige Grenze zwischen ihrem Berufs- und Privatleben ziehen. Der Manager, der seine Leute ermutigt, ist vor allem dann erfolgreich, wenn er die Interessen der Mitarbeiter und des Unternehmens gleichermaßen berücksichtigt. Wenn er rein altruistische Motive hat oder die potenziellen Folgen für das Unternehmen nicht berücksichtigt, dann führt seine Ermutigung zu Problemen, nicht zu Fortschritten.

Ein Manager kann seine Mitarbeiter aus unterschiedlichen Gründen dazu ermutigen, unter anderem:

- wenn ihm auffällt, dass seine Mitarbeiter morgens oder nach dem Wochenende müde und frustriert sind und genauso wenig erholt und entspannt wie zu dem Zeitpunkt, als sie nach Hause gingen;
- wenn die Fluktuation zunimmt (auch in anderen Abteilungen) und man als Begründung öfters hört: „Es wird einem hier ja keine Atempause gegönnt";
- wenn die Qualität und Sorgfalt einer höheren Geschwindigkeit und schnelleren Reaktion zum Opfer fällt; zum Beispiel, wenn eine E-Mail, die eigentlich eine wohl durchdachte Antwort verdient, schnell und informell abends um 9 Uhr beantwortet wird;
- Wenn E-Mail oder Voice-Mail offensichtlich spät abends verschickt wird.*

Ein weiterer Grund zur Ermutigung wäre die Überzeugung, die Gleichheit und fairen Chancen aller Mitarbeiter zu wahren. Das sieht dann vielleicht so aus, als würde der Manager den heute herrschenden Druck, alles schneller zu tun, nicht für sich nutzen.

---

* Achten Sie darauf, bei E-Mail oder Voice-Mail nicht zu viel in die Zeitangaben hinein zu interpretieren, da diese manchmal vom Server hinzugefügt werden, und nicht vom Absender.

Aber ich bin mir sicher, dass immer mehr Manager verstehen, dass schneller nur auf kurze Sicht besser ist und dass es keine gute Unternehmenspolitik ist, die Arbeitskraft der Mitarbeiter uneingeschränkt auszunutzen. Ein Mitarbeiter kann nur so lange ein ausgezeichneter Sprinter sein, wie man ihm ab und zu eine Pause gönnt. Der Manager, der seine Mitarbeiter ermutigt, sich mehr Zeit für sich zu nehmen, ist also nicht unbedingt gutmütig, sondern vielmehr pragmatisch. Ein Sprinter, der dauernd arbeitet und daher schnell ausbrennt, hat wenig Wert für ein Unternehmen mit Zukunft.

| Fordern |

Fordern ist die letzte Möglichkeit des Managers, und meiner Ansicht nach meist kontraproduktiv oder gar gefährlich. Wer Bestimmungen verfasst wie diese: „Sie sollten am Wochenende oder im Urlaub keine Voice-Mails oder E-Mails abrufen", oder: „Ich will nach 19 Uhr hier niemanden mehr sehen", erreicht damit nur selten, was er will – und verliert den Respekt der Mitarbeiter.

Das klingt vielleicht eigenartig, denn was wäre falsch daran, seinen Mitarbeitern zu sagen, man möchte nicht, dass sie so viel in ihrer Freizeit arbeiten? Ist das denn kein Zeichen für einen fürsorglichen, arbeitnehmerfreundlichen Managementstil? „Erst sagen Sie, man solle nicht von seinen Mitarbeitern erwarten, dass sie Tag und Nacht arbeiten", könnte der Manager denken, „und jetzt erklären Sie mir, es wäre falsch, seine Leute dazu anzuhalten, *nicht* so viel zu arbeiten!"

In diesem Fall würde ich antworten: „Entspannen Sie sich, und überlegen Sie gut, was Sie tun wollen, bevor Sie es tun." Auch in dieser Sache sind Extreme nicht so hilfreich wie die Position in der Mitte, die – zugegebenermaßen – nicht leicht einzunehmen ist. Von den Mitarbeitern zu erwarten, dass sie nonstop arbeiten, ist falsch, aber es gibt einige Gründe, weshalb es genauso falsch ist, Regeln einzuführen, um das zu verhindern:

1. Kaum jemand möchte sich sagen lassen, was er nicht tun soll, auch wenn er es selbst als schädlich betrachtet. So gibt es beispielsweise viele Leute, die weiterhin rauchen, keinen Sicherheitsgurt anlegen oder ein gefährliches Übergewicht beibehalten. „Es ist mein Leben", lautet die typische Reaktion, egal wie unverständlich Sie und ich das finden.

2. Dinge, die „schlecht", „falsch" oder „nicht zu empfehlen" sind, führen oft genau zum Gegenteil. Das Verbotene lockt. Es geht hier

Verbote locken

   darum, dass Menschen die Grenze zwischen ihrem Berufs- und Privatleben abhanden gekommen ist. Die Tatsache, dass viele Menschen das als Problem betrachten, heißt nicht, dass *jeder* das so sieht.

   Wenn Sie einen Mitarbeiter haben, der bis spät abends arbeitet und wunderschöne, sonnige Samstagnachmittage damit verbringt, seine E-Mails abzuarbeiten, der bereitwillig ein Handy und den Laptop mit in den Urlaub nimmt *und* dabei keinerlei Anzeichen für nachlassende Leistungen zeigt, den seine Arbeit befriedigt und der gut mit anderen zusammenarbeitet – dann wäre es riskant, dieses Verhalten falsch zu nennen und ihn aufzufordern, damit aufzuhören.

3. Es gibt ein modernes Konzept, dass man „Massenproduktion nach Maß" nennen könnte. Wenn es einem Kleidungshersteller zum Beispiel gelingt, massenweise mehr oder weniger maßgeschneiderte Jeans zu produzieren, hat er das Beste beider Welten realisiert.

Als Manager sollte man dieses Konzept im Management anwenden, und zwar nicht nur, was Zeit oder Technik betrifft. Die heutigen Arbeitnehmer sind sehr unterschiedlich, und man kann sie nicht mehr alle über einen Kamm scheren. Das macht das Leben für Manager kompliziert, aber das gilt ja für alle Aufgaben in der Welt von heute. Solange es anderen keine Probleme macht, wie ein Arbeitnehmer arbeitet, und es seine Gesamtleistung nicht beeinträchtigt, hat ein Manager keinerlei Grund, von ihm zu verlangen, eine Grenze zwischen den beiden Lebensbereichen zu ziehen.

Das heißt natürlich nicht, dass man als Manager keine Regeln einführen sollte, anhand derer einzelne Arbeitnehmer ihre drei Zonen einteilen können. Sie könnten Ihren Mitarbeitern sagen:

<table>
<tr><td>Was Sie Ihren
Mitarbeitern
sagen könnten</td><td>● dass während der Arbeitszeit spätestens nach einer halben Stunde auf den Beeper zu reagieren ist und am Wochenende nach spätestens zwei Stunden, wo-</td></tr>
</table>

bei man nur bei dringenden beruflichen Angelegenheiten angebeept wird;

● dass es jedem selbst überlassen bleibt, ob er im Urlaub seine Voice-Mails und E-Mails abruft; wer es nicht tut, sollte das allerdings den Kollegen mitteilen. Ihre Mitarbeiter sollten auch wissen, was Sie tun. Sie können die Mitarbeiter auch an den Zweck von Urlaub erinnern und dass Sie erwarten, sie hinterher erholt und entspannt wiederzusehen;

● lieber schlafen zu gehen, statt beispielsweise um 23 Uhr auf Voice-Mails oder E-Mails zu reagieren. Ermutigen Sie solches Verhalten einfach nicht und erwähnen Sie es auch nicht lobend bei der Leistungsbeurteilung. Wenn Leute zu solchen Zeiten arbeiten wollen, ist das *ihre* Sache.

Die Kraft der Vorbilder

Man kann die Unternehmenspolitik festlegen, das Betriebsziel fixieren und so viele Regeln verfassen, wie man will, aber nichts beeinflusst das Verhalten der Leute so sehr wie ein Vorbild. Man kann natürlich sagen: „Tun Sie, was ich sage (oder was die Betriebsverfassung sagt), und nicht, was ich mache", aber die Mitarbeiter werden sich nach Ihrem Verhalten richten, *egal*, was Sie sagen.

Es ist kein Geheimnis, dass kluge Mitarbeiter sich den Vorgesetzten genau ansehen, wenn sie wissen möchten, was wirklich von ihnen verlangt wird. Auch wenn sie nicht mit allem einverstanden sind, was ihr Vorgesetzter macht, dann ist ihnen dennoch die Gefahr bewusst, allzu weit von seinem Vorbild abzuweichen. Je weltoffener und liberaler ein Manager ist, desto mehr akzeptiert und begrüßt er Verhaltensweisen, die von seinen abweichen, sofern sie nicht destruktiv sind. Aber tief im Innersten gefällt es jedem Menschen, wenn jemand seinem Vorbild folgt. Sogar wenn man nachgeäfft wird, ist das irgendwie schmeichelhaft.

Manager machen es ihren Mitarbeitern leichter, eine Grenze zwischen ihrem Berufs- und Privatleben zu ziehen, wenn sie es selber tun. Das ist kein Anlass, sich auf einen Sockel zu stellen oder sonstwie den Eindruck zu erwecken, das eigene Drei-Zonen-Modell sei das bestmögliche. Man muss lediglich zeigen (in Worten und Taten), dass es *legitim und akzeptabel* ist, ein solches Modell anzuwenden, solange es keine Probleme für das Unternehmen nach sich zieht.

Ein paar Möglichkeiten, diesen Veränderungsprozess einzuleiten, *ohne* ihn seinen Mitarbeitern aufzudrängen:

- Erläutern Sie das Drei-Zonen-Modell, und führen Sie es ein. Klären Sie genau, was „Dienstzeit", „bedingte Dienstzeit" und „dienstfrei" im Einzelnen bedeutet, und diskutieren Sie das mit Ihren Mitarbeitern. Erläutern Sie, weshalb Sie es für richtig halten, die Grenzen zwischen Arbeit und Freizeit zu klären. Erklären Sie Ihren Mitarbeitern insbesondere, was während der „bedingten Dienstzeit" von ihnen erwartet wird.

> **Drängen Sie Ihren Mitarbeitern nichts auf!**

● Nutzen Sie die Technik, um zu „mogeln". Viele E-Mail- und Voice-Mail-Systeme erlauben den zeitversetzten Versand. Sie können eine Nachricht aufnehmen oder eine E-Mail tippen und das System instruieren, diese erste Stunden oder gar Tage später zu versenden. Wenn Sie der Versuchung nicht widerstehen können, in der dienstfreien Zeit Nachrichten zu verfassen, können Sie ein solches System nutzen, damit die Nachrichten wenigstens zu einer passenden Zeit ankommen.

● Entscheiden Sie, wie Sie mit freien Tagen und Urlaub umgehen wollen. Es ist eine Sache, bis spätabends zu arbeiten oder seine E-Mail am Wochenende zu beantworten; es ist etwas ganz anderes, im Urlaub ein paar Mal täglich seine E-Mails abzurufen. Wenn man auf der Karriereleiter aufsteigt, bekommt man mehr Verantwortung, ist mit größeren Herausforderungen konfrontiert und erhält ein höheres Gehalt. Das ist angenehm. Unangenehm ist, dass man jetzt bedeutend weniger Kontrolle über seine Zeiteinteilung hat. Aber wenn Sie im Urlaub für Ihre Vorgesetzten erreichbar sein müssen, heißt das noch lange nicht, dass Sie auch für Ihre Mitarbeiter erreichbar sein müssten, oder diese für Sie.

● Erwarten Sie nicht mehr von anderen als von sich selbst. Das betrifft auch die drei Zonen und wie Sie oder Ihre Mitarbeiter sie einteilen.

| **Auf Muster achten** |

● Achten Sie auf Muster – nicht auf einmalige Ereignisse. Zufällig mal mitten in der Nacht eine E-Mail von einem Mitarbeiter zu bekommen, ist kein Grund, ihm auf die Pelle zu rücken, weil er noch so spät arbeitet. Wenn Sie aber ein Muster später Arbeitsstunden und Arbeit am Wochenende erkennen, sollten Sie das mit dem Betreffenden diskutieren. „Mir ist aufgefallen, dass Sie die letzten Wochen fast jeden Abend bis spät in die

Nacht gearbeitet haben müssen, wenn man von Ihrer E-Mail ausgeht. Das können Sie natürlich tun, wenn Sie das möchten. Ich möchte nur wissen, ob das bestimmte Gründe hat und ob es Ihnen vielleicht Probleme bereitet." Das ist eine Betrachtungsweise, die zur Problemlösung beiträgt, im Gegensatz zu dieser: „Was soll das, fast jeden Abend bis spät in die Nacht zu arbeiten? Sie sollten auch mal schlafen – und sich um Ihr Privatleben kümmern!"

- Aufmerksamkeit vermittelt Bedeutung. Einer meiner ehemaligen Vorgesetzten pflegte zu sagen: „Man kann die Erwartungen des Managements daran erkennen, worauf es den Großteil seiner Aufmerksamkeit richtet." Wenn man also herausfinden will, was der Vorgesetzte erwartet, muss man nur darauf achten, wonach er als erstes fragt, wenn man aus dem Urlaub kommt, bei der wöchentlichen Mitarbeiterbesprechung oder bei anderen wichtigen Gesprächen.

Wenn man nach Dingen fragt, signalisiert man damit, dass man darüber nachdenkt und es für wichtig hält. Wenn Sie montag-

| Stellen Sie Fragen! |

morgens fragen: „Wie war Ihr Wochenende? Haben Sie etwas mit der Familie unternommen?" oder: „Hat das mit dem Ausflug geklappt, wie Sie gehofft hatten?" dann zeigen Sie, dass Sie am Privatleben Ihrer Mitarbeiter interessiert sind, und nicht nur an ihren beruflichen Leistungen.

Die Risiken ungewollter Bestätigung

Vorbildsein hat einen weiteren Aspekt: Man sendet womöglich ungewollt Signale aus, die Verhaltensweisen ermutigen, die Sie und Ihre Mitarbeiter eigentlich ändern wollten.

z.B Vor ein paar Jahren war ich Berater eines Unternehmens, in dem das Management der Meinung war, die Mitarbeiter arbeiteten zu viele Stunden, vor allem an Wochenenden und im Büro der Firma. Die Geschäftsführung diskutierte die Angelegenheit, erwog, ob man das Gebäude am Wochenende nicht schließen sollte (und entschied sich dagegen) und beschloss dann, dass die Geschäftsführung weder nach 19 Uhr in der Woche noch am Wochenende im Büro sein sollte. So weit, so gut: Man versuchte wirklich ernsthaft, die Arbeitsgewohnheiten zu ändern, was gar nicht so leicht war, denn es handelte sich um ein sehr junges Unternehmen im High-Tech-Bereich.

An einem Montagnachmittag nahm ich die Fortschritte mit meinem Klienten durch, und man sagte mir, ein Ereignis hätte unlängst alle bisherigen Bemühungen durchkreuzt. Am Ende eines Meetings der Geschäftsführung mit den Abteilungsleitern erzählte der Vizepräsident (VP) des Unternehmens, dass er am Samstag ein paar Papiere im Büro abholen wollte und zwei seiner Mitarbeiter in ihrem Büro vorfand. „Mit einem breiten Grinsen", erzählte mein Klient, „sagte der VP: ‚Gut, dass diese Leute am Samstagnachmittag da sind – die tun wirklich ihr Bestes, um unsere Marktposition zu verbessern.‘ Ich konnte es nicht glauben – mit einem einzigen Satz hatte er uns um sechs Monate zurückgeworfen."

Wir wollen dem VP nichts Schlechtes unterstellen und annehmen, dass er diese beiden Mitarbeiter nicht belohnen oder loben wollte. Es ist ihm einfach rausgerutscht. Aber damit signalisierte er allen Anwesenden, was er anscheinend in Wirklichkeit von der Zeitbegrenzung hielt, die man vereinbart hatte. So gab er allen den *Eindruck*, lange Arbeitszeiten und Arbeit am Wochenende seien eigentlich lobenswert.

Dieser Ausrutscher warf den Betrieb nicht um sechs Monate zurück, aber mein Klient befürchtete das. Er hatte ganz richtig gesehen, dass die Aussage des VP – ganz abgesehen davon, dass er selber am Samstag im Büro war – wahrscheinlich viel Einfluss haben würde. Es ist also wichtig, sich der Dinge bewusst zu sein, die man sagt oder tut, und die völlig ungewollt eine andere Botschaft als die beabsichtigte vermitteln.

Sie und Ihre Management-Kollegen

Wie Arbeitnehmer aller Ebenen auf das Tun und Lassen ihrer Vorgesetzten achten und das eigene Verhalten entsprechend anpassen, so achten Manager auf das Verhalten ihrer Kollegen, und zwar aus zwei Gründen. Erstens möchte niemand Außenseiter sein, und zweitens wissen die meisten Manager, wie wichtig es ist, Einheit zu wahren und eine gemeinsame Politik durchzusetzen.

Was also tun, wenn man ein Drei-Zonen-Modell und genügend „bedingte Dienstzeit" und Freizeit einführen will, und andere Manager möchten das nicht? Oder was ist im umgekehrten Fall, wenn andere Manager genügend Zeit für ihr Privatleben haben und Sie am Wochenende im Büro sitzen oder von Ihrer Ferienhütte in den Bergen E-Mails versenden? Sie haben drei Möglichkeiten:

1. *Ignorieren.* Sofern man keinen Druck auf Sie ausübt, in dieser Hinsicht einheitlich zu agieren, brauchen Sie sich

> Andere ignorieren

nicht darum zu kümmern, was andere Manager tun. Das ist wie in anderen Bereichen auch; man achtet darauf, was die Kollegen tun und ändert etwas (oder auch nicht), je nachdem, was man für sinnvoll hält. Falls Sie beschlossen haben, dass deutliche Grenzen, mehr „bedingte Dienstzeit" und Freizeit angebracht und wünschenswert sind, werden Sie entsprechend handeln.

Halten Sie hingegen mehr Arbeitsstunden für sinnvoll, werden Sie eben danach handeln.

Sich ändern

2. *Ändern Sie sich selbst.* Als ich noch für andere arbeitete, änderte ich mich am meisten auf Grund der Vorbilder von Managern, die ich mochte – und manchmal auch, wenn ich sie überhaupt nicht mochte. Es ist ein Zeichen des Erwachsenseins und der Flexibilität – und klug – darauf zu achten, was die Kollegen tun, und dem eigenen Handeln anhand dieser Information Gestalt zu geben.

Da wir hier über wichtige persönliche Entscheidung reden und nicht darüber, ob man die eine oder andere Software verwendet, werden Sie sicherlich darauf achten, was Ihre Kollegen tun. Wenn Ihnen ihr Verhalten und die damit erzielten Resultate gefallen, ist es vielleicht an der Zeit, ihrem Vorbild zu folgen.

Andere ändern

3. *Andere ändern.* Haben Sie wirklich das Gefühl, eine Arbeitskultur, in der die Leute etwas mehr Zeit für Ihr Privatleben haben, würde dem Unternehmen gut tun? Glauben Sie, oder haben Sie Beweise dafür, dass neue oder junge Mitarbeiter den Ausstieg suchen, weil ihnen eine 80-Stunden-Woche übertrieben vorkommt? In diesem Fall könnten Sie eine Strategie entwerfen, um das Verhalten Ihrer Kollegen und dadurch das Ihrer Mitarbeiter zu beeinflussen.

Das kann natürlich ziemlich verzwickt sein. Man könnte Ihnen vorwerfen, dass Sie sich bei den Arbeitnehmern lediglich beliebt machen wollen, oder auch, dass Sie ein unrealistischer und egoistischer Hedonist sind, der den Samstagnachmittag lieber mit seinen Kindern auf dem Spielplatz verbringt, als sich mit dem neuen Marketingplan auseinander zu setzen. Wie wir unsere Zeit verbringen, hat nicht nur etwas damit zu tun, wer länger im Büro bleibt oder im Urlaub erreichbar ist. Das sind nur die

Symptome tieferer Fragen über die Stellung der Arbeit in unserem Leben und ob man bereit sein sollte, kurzfristig Opfer zu bringen, um langfristig etwas zu erreichen. Damit möchte ich nicht andeuten, Sie sollten nicht versuchen, Ihre Kollegen zu beeinflussen. Ich möchte nur darauf hinweisen, dass Ihnen das nicht unbedingt nur Lob einbringt.

Sie und *Ihr* Vorgesetzter

Wir wollen uns gegen Ende dieses Kapitels damit befassen, was dies für Ihre Beziehung zu Ihrem Vorgesetzten bedeutet. Ich habe am Anfang dieses Kapitels darauf hingewiesen, dass es im Gegensatz zu den vorangegangenen hier darum geht, wie man seine Rolle als Vorgesetzter ändern kann. Jetzt wollen wir diese beiden Sichtweise zusammenbringen.

Wir haben gesehen, dass Ihre Handlungen als Manager von der Art und Weise beeinflusst werden, wie Sie Ihre Zeit nutzen und inwieweit Sie außerhalb der normalen Arbeitszeiten erreichbar sind. Wie bei anderen Arbeitnehmern formt das den Ausgangspunkt beim Gespräch mit Ihrem Vorgesetzten. Allerdings wird dies dadurch kompliziert, dass Ihr Chef nicht nur darüber nachdenkt, wie Ihre Arbeitszeiten Ihre Leistungen beeinflussen, sondern auch, inwiefern Ihr Vorbild die Mitarbeiter beeinflusst.

Das ist ja auch bei anderen Themen so, beispielsweise bei Gründlichkeit und Pünktlichkeit. Ihr Chef wird mit Ihnen genauso streng (oder liberal) umgehen, wie Sie seiner Meinung nach mit Ihren Mitarbeitern umgehen sollten. Es könnte deshalb schwierig sein, Ihrem Chef den Gedanken schmackhaft zu machen, dass Ihre Mitarbeiter keinen Beeper in den Urlaub mitnehmen, wenn Sie das selber tun müssen.

Verborgene Botschaften

Andererseits könnte Ihr Chef auch sagen: „Nun, wenn Sie meinen, Sie kriegen den Job geregelt, ohne im Urlaub Kontakt zu Ihren Mitarbeitern aufnehmen zu müssen, liegt das ganz bei Ihnen. Erwarten Sie aber nicht von mir, dass ich das auch bei Ihnen so handhabe." Das könnte natürlich ein Hinweis darauf sein, dass Sie demnächst ein ernstes Gespräch mit ihm führen müssen. Eine solche Antwort vom Chef enthält eine Menge verborgener Botschaften darüber, was er von Ihnen erwartet und inwiefern Ihr Urlaub wirklich Freizeit ist.

Ich kann Ihnen hier keinen Vorschlag machen, wie Sie mit einer solchen Situation umgehen können, in der man von Ihnen etwas anderes erwartet, als Sie von Ihren Mitarbeitern erwarten. Es wird Ihnen auf jeden Fall großes Taktgefühl, Geduld und Argumentationsvermögen abverlangt, um diese unterschiedlichen Positionen miteinander zu versöhnen. Ich kann hier lediglich darauf hinweisen, dass es außerordentlich schwierig sein dürfte, da Sie nach wie vor ein Vorbild sind.

Kapitel 8

Was vor Ihnen liegt – und was das in Bezug auf Ihre Möglichkeiten, „abzuschalten", bedeutet

Es ist nahezu unmöglich, die Zukunft der Arbeit und die weitere Entwicklung der Technik vorauszusagen. Der Wandel schreitet insbesondere bei der Technik rasant fort, so dass man höchstens etwas über die Richtung der weiteren Entwicklungen sagen kann.

Ich werde mich daher bei diesem Ausblick auf allgemeine Trends beschränken. Das erinnert mich an die Ermahnung von Paul Saffo vom *Institute for the Future*: „Lass dich von einer klaren Aussicht nicht dazu verleiten zu glauben, was du siehst, sei dir ganz nah." Ich fragte Paul, wo er diese Aussage her hat und er meinte: „Das erste Mal hörte ich sie als Kind, von einem Farmer. Es drückt ziemlich gut aus, was man bei Voraussagen über Technik häufig hört, nämlich dass etwas kurz bevor steht, und es dauert dann eine Ewigkeit, bis es Wirklichkeit ist."

Das ist ein guter Rat, vor allem da wir ja schon lange auf eine ganze Reihe Entwicklungen warten, die angeblich kurz bevor standen (zum Beispiel Filme auf Abruf, riesige Flachbildschirme, breitbandige Videokonferenzen zu geringen Kosten). Angesichts der explosiven Technikentwicklung liegen hoch gespannte Erwartungen auf der Hand, aber sie sind nicht unbedingt gerechtfertigt.

Nachdem wir einen Blick in die Zukunft geworfen haben, werden wir uns mit einigen Faktoren befassen, die Ihre Fähigkeit „abzuschalten" betreffen. Diese Faktoren schlagen eine Brücke zwischen der allgemeinen Prognose und den Einzelheiten, wie diese Trends Ihren Arbeitsstil und Ihre beruflichen Pläne beeinflussen könnten.

Der Kreis – geschlossen

Ich werde mich von Voraussagen darüber fern halten, was passieren *müsste*, und mich stattdessen damit befassen, was aufgrund bekannter Trends im Geschäftsleben und in der Technik *höchstwahrscheinlich* geschehen wird. Wir wollen das anhand der drei Faktoren aus Kapitel 1 tun, die auch die Grundlage dieses Buches formen:

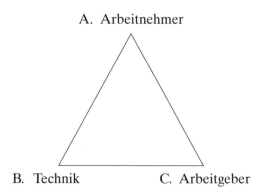

A. Arbeitnehmer

B. Technik   C. Arbeitgeber

A. Arbeitnehmer: alles tun, alles wollen, alles haben

Arbeitnehmer werden höchstwahrscheinlich in Zukunft immer weniger bereit sein, unangenehme Arbeit zu verrichten und immer mehr Ansprüche an das Arbeitsumfeld stellen. Die Nutzung oder auch der Missbrauch von Technik wird ein weiterer wichtiger Faktor sein, aber beileibe nicht der einzige.

Eine Anzeige brachte es vor kurzem ziemlich genau auf den Punkt. Eine Firma, die „Internet-Dienstleistungen für essentielle Unternehmenskommunikation" bietet, basiert ihre Anzeigenkampagne und Website auf dem

Slogan: „Ist es Arbeit, wenn man es gern macht?" Als ich das las, fragte ich mich, wie die meisten Menschen wohl die 2.000 bis 3.000 Stunden empfinden, die sie jährlich arbeiten.

Diese einfache Frage zwingt uns darüber nachzudenken, was wir von unserer Arbeit erwarten und womit wir uns zufrieden geben wollen. Die Anzeige impliziert, dass „Arbeit" langweilig ist, eintönig, unangenehm und sogar grauenhaft, und dass das, was man wirklich gern tut, eigentlich *keine* richtige Arbeit ist. Ich gehe davon aus, dass Arbeitnehmer auf Dauer immer weniger bereit sein werden, langweilige, unangenehme oder eintönige Arbeit zu verrichten. Das heißt natürlich nicht, dass sie nicht gewillt wären, hart zu arbeiten oder Dinge zu tun, die ihnen eigentlich nicht liegen. Es heißt vielmehr, dass sie keine Arbeit mehr machen werden, für die diese negativen Aspekte charakteristisch sind.

> Muss Arbeit langweilig sein?

Sie denken jetzt vielleicht: „Es ist doch nichts Neues, dass Menschen keine frustrierende Arbeit machen wollen." Das stimmt – Leute bleiben im Allgemeinen nicht lang in Jobs, die sie verachten. Neu ist vielmehr, dass die Schwelle sinkt, wo die Leute sagen: „Mir reicht's – das mache ich nicht mehr mit. Ich gehe."

Warum das so ist? Dafür gibt es drei Gründe:

1. „Schnell reich werden?" Nein: „*Jetzt* reich werden!" Sie haben die gleichen Umfragen gesehen wie ich: Ein hoher Anteil der heutigen Studenten (50 bis 75 Prozent in den Umfragen, die mir zu Gesicht gekommen sind) erwarten, Millionär zu werden – und das nicht, indem sie im Schaukelstuhl rumsitzen. Die Dotcom-Manie der Neunziger haben die Leute zu der Überzeugung verleitet, dass außergewöhnlicher Reichtum nicht wirklich außergewöhnlich ist. Viel-

> Die Schwelle sinkt – drei Gründe

leicht halten wir diese Erwartung nicht für realistisch, aber sie ist dennoch vorhanden und *wird* die Entscheidungen junger Leute stark beeinflussen. Und ich kann mir nicht vorstellen, dass sie auf Dauer ein Arbeitsumfeld akzeptieren werden, das ihnen kaum Privatleben lässt.

2. „Goldene Handschellen" funktionieren nicht. Die meisten Arbeitnehmer, die heute zwischen 40 und 50 sind, haben lange Betriebszugehörigkeit mit einer guten Rente und/oder dem Zugang zu Aktien der Firma gleichgesetzt. Wenn man in den Genuß solcher und anderer zusätzlichen Leistungen kommen wollte, musste man mindestens fünf Jahre und manchmal sogar zehn Jahre bei der Firma arbeiten. Und auch, wenn das eine lange Zeit war: so wurde das Spiel nun mal gespielt, und wer eher ging, verlor meist all diese Leistungen. Und wenn man bei einem neuen Arbeitgeber anfing, musste man meist wieder ganz unten anfangen. Diese Denkweise ist jungen Arbeitnehmern zwischen 20 und 35 völlig fremd. Sie sind bedeutend weniger motiviert, heute etwas zu tun oder zu lassen, nur um in zehn oder zwanzig Jahren dafür etwas zurückzubekommen. Außerdem bekommen sie bei manchem Arbeitgeber solche zusätzlichen Leistungen bereits vom ersten Tag an, insbesondere wenn ihre Fähigkeiten gefragt sind. Wir leben in einer Zeit, in denen der Aktienbonus und ähnliche Dinge in der Arbeitswelt enorm schnell um sich greifen. Weshalb sollte dann ein Arbeitnehmer unangenehme oder nervtötende Arbeitsumstände länger als ein paar Monate tolerieren? Das heißt übrigens nicht, neue Mitarbeiter würden für mehr Flexibilität mit weniger Lohn vorlieb nehmen. Es bedeutet vielmehr, dass diese Studenten sich ihre Lebensqualität auch nicht mit viel Geld abkaufen lassen.

3. Gestern ein Stigma – heute ein Ehrenzeichen. Es galt einmal als schlechtes Zeichen, einen Job nach dem an-

deren zu machen; Bewerber, deren Vita viele kurzzeitige Beschäftigungen und viele Arbeitgeber aufwiesen, galten als verdächtig, und es fiel ihnen schwer, eine neue Stelle zu finden. Heute ist es fast umgekehrt. Viele Arbeitgeber wollen keine Leute, die allzu lang bei einem oder zwei Arbeitgebern waren. Wer solch eine Vita hat, gilt als wenig aktiv und als jemand mit wenig Erfahrung in unterschiedlichen Aufgaben. Und außerdem, was könnte einen Arbeitnehmer dazu motiviert haben, länger als ein paar Monate in einem Job zu bleiben, den er nicht mag?

Diese neuen Wünsche und Akzeptanzniveaus von Arbeitnehmern haben unmittelbar etwas mit der Frage der Abgrenzung des Berufslebens vom Privatleben zu tun.

> Druck funktioniert nicht mehr.

Es gibt und wird auch in Zukunft genügend Arbeitnehmer geben, die gerne einen nicht unwesentlichen Teil ihrer Freizeit am Abend oder Wochenende und vielleicht sogar im Urlaub für Arbeit und Zwecke opfern, an die sie glauben. Aber das geschieht *nur*, wenn *sie selbst* ihr Leben auf diese Weise zubringen wollen. Der Druck von Vorgesetzten (ob auf Kundenwunsch hin oder nicht) funktioniert einfach nicht mehr.

Aber was ist bei einer Rezession?

Ich halte eine Rezession kurzfristig für eher unwahrscheinlich und hoffe, die Zeiten geben mir kein Unrecht, wenn Sie diese Zeilen lesen. Ich bin optimistisch, wiewohl ich die Sorgen anderer, die eher pessimistisch auf unsere Wirtschaft blicken, nicht ignorieren möchte.

Viele Arbeitnehmer, insbesondere die zwischen 20 und 30, sind ziemlich verwöhnt – ich kann es nicht anders beschreiben. Sie haben einen Lohn, Zusatzleistungen und andere

> Verwöhnte Arbeitnehmer

Formen des Entgegenkommens seitens der Arbeitgeber erlebt, wie wir es kaum zuvor gesehen haben. Und ich rede nicht nur von flexiblen Arbeitszeiten und Fitness-Räumen – ich rede von Massagen am Schreibtisch, Gratis-Mittagessen von Gourmet-Köchen und von Hausmeistern, die zu fast allem bereit sind, was legal und moralisch vertretbar ist. Solche Dienstleistungen stehen in den Firmen, von denen ich hier spreche, *allen* Mitarbeitern zur Verfügung, und nicht nur dem Management.

Dass immer mehr Arbeitgeber zu solch freizügigen Maßnahmen bereit sind, heißt auch, dass sie sicherlich mehr als offen dafür sind, eine deutliche Grenze zwischen Berufs- und Privatleben zu ziehen. In einer schwachen Ökonomie mit hoher Arbeitslosigkeit würde man einem Mitarbeiter, der auch nur den Vorschlag machte, am Wochenende den Beeper abzuschalten, nahe legen, sich eine andere Stelle zu suchen. Heute und in der absehbaren Zukunft jedoch gehe ich davon aus, dass insbesondere Leute in der High-Tech-Branche auch weiterhin von ihren Arbeitgebern verwöhnt werden. Daher ist zu erwarten, dass Arbeitnehmer diese Themen immer wieder ansprechen werden – und das sollten sie auch; denn ist dieses neue Arbeitsmuster erst einmal gang und gäbe, wird es schwer sein, die Uhr zurückzudrehen in eine Zeit, wo man allzeit und überall erreichbar und verfügbar sein musste.

B. Technik: kleiner, schneller, billiger, besser

Wir werden auch in Zukunft immer mehr Produkte und Dienstleistungen sehen, die es uns ermöglichen, wenn nicht gar anspornen, überall und jederzeit zu arbeiten. Einige Hersteller bringen die Botschaft auf die äußerst verführerische Art und Weise unters Volk, die Mobilität und Flexibilität gäbe uns allen „die freie Wahl." So will eine Kampagne „die Menschen dazu ermutigen, sich frei zu entscheiden, wann, wo und wie sie arbeiten möchten, damit sie eine produktive und befriedigende Arbeitserfahrung machen können".

Man muss nicht schlau sein um vorherzusagen, dass die Technik kleiner, schneller und billiger werden wird. Ob sie dadurch

> Bessere
> Technik?

auch wirklich besser wird, ist meines Erachtens aus folgenden Gründen eine offene Frage:

1. *Riesige Möglichkeiten für Menschen mit winzigen Fingern.* Wir haben den Punkt erreicht, wo Mobilität das Schlagwort und Tragbarkeit nur eine Frage der Sehkraft ist (winzige Buchstaben auf winzigen Bildschirmen), und von Größe und Geschicklichkeit unserer Finger (um winzige Tastaturen zu bedienen oder mit winzigen Stiften auf winzigen Displays zu schreiben). Wenn wir über eine gut funktionierende Stimmerkennung verfügen – eine Technologie, deren Entwicklung ich noch immer mit Skepsis begegne – verschwindet das Kleine-Finger-Problem wahrscheinlich.

2. *Multifunktionale, tragbare Geräte.* Handys verwandeln sich langsam in Kommunikationsgeräte, mit denen man Bilder und Texte verschicken, im Internet surfen kann u. v. m. PDAs ermöglichen E-Mail-Kontakt ohne Laptop, und man ist mit ihnen auch an Orten erreichbar, wo ein Handy eher unpassend wäre. UMTS steht vor der Tür, das einen weit besseren Zugang zum Internet ermöglicht als die heutige WAP-Technik und die Handy-Hersteller ziehen nach.
   Wenn Sie gerne im Auto arbeiten, werden Sie diesem Technikwust nicht entrinnen. Unsere Autos verwandeln sich langsam in mobile Workstations; gut möglich, dass Ihr Wagen im Jahr 2003 genauso gut ausgerüstet ist wie Ihr Schreibtisch im Jahr 1993 – wahrscheinlich sogar besser.

3. *Bandbreite ist immer noch wesentlich.* Trotz aller wun-

derbaren Hardware-Entwicklungen, die wir gesehen haben und noch sehen werden, entstehen die zukünftig größten Veränderungen durch eine schnellere Verbindung. Der Zugang über Modem und analoges Telefon wird wahrscheinlich schon bald durch digitalen Zugang und Satellitverbindungen vollständig ersetzt werden. Immer mehr Hotels stellen ihren Gästen dies alles zur Verfügung, das DSL-Netz ist an immer mehr Orten verfügbar, und auch einige innovative, billige Möglichkeiten der Funkverbindung werden inzwischen getestet.

Ich mache mir ein wenig Sorgen um diesen Trend. Solange man vieles nur im Büro leicht erledigen kann, werde ich aktiv davon abgehalten, andernorts komplexe Aufgaben (die eine schnelle Verbindung voraussetzen) zu erledigen – es dauert einfach zu lange. Aber wenn die Verbindung zu Hause, im Hotel oder unterwegs genauso schnell wie im Büro ist, gibt es kein technisches Hindernis mehr, meine Arbeitswoche mühelos zu verlängern.

Die Verbreitung der Technik macht jeden Ort zum Arbeitsplatz

Ich glaube nicht, dass sich noch leicht Orte finden lassen, wo man wirklich Abstand zu seiner Arbeit oder der Möglichkeit zu arbeiten hat. Von der Skihütte bis zum Kreuzfahrtschiff, vom Flugzeug bis zum Auto, fast überall findet man einen Platz zum arbeiten. Eine Liste finden Sie in Kapitel 9.

Vielleicht gefällt es Ihnen, weil Sie mehr Flexibilität haben und Berufs- und Privatleben besser integrieren können und nicht mehr daran gebunden sind, Büroarbeit auch im Büro zu erledigen. Oder es nervt Sie, weil Sie überall Hinweise auf Ihre schier endlose Liste noch zu erledigender Dinge finden und darauf, wie gut es wäre, beispielsweise auf der nächsten Kreuzfahrt zwischen Dinner und Show ein paar Takte Arbeit zu erledigen.

Egal, welchen Standpunkt Sie einnehmen: Es wird auf jeden Fall mehr Orte geben, an denen Sie arbeiten können, und sie

> Mehr Orte zum Arbeiten

werden so gut ausgerüstet sein wie Ihr Büro. Ich gehe davon aus, dass Menschen, die eine klare Grenze zwischen Arbeit und Freizeit ziehen möchten, dadurch vor ganz neuen Herausforderungen stehen. Es ist, als wolle man ein wenig Diät halten und würde eines Morgens entdecken, dass links neben seinem Haus eine neue Konditorei und eine Eisdiele aufgemacht hätten und auf der rechten Seite drei Schnellrestaurants. Willenskraft hilft bis zu einem gewissen Punkt, aber wer andauernd mit Versuchungen konfrontiert wird, muss schon ziemlich willensstark sein, wenn er Erfolg haben will.

Aber – vielleicht allzu viele Orte, an denen man arbeiten kann?

Jetzt, da immer mehr Menschen das Internet und all die neuen Geräte nutzen, könnte sich auch ein „technologischer Widerstand" entwickeln, weil immer mehr Menschen sich überfordert fühlen. Tod Maffin, Zukunftsforscher aus Vancouver, meint dazu: „Das Aufkommen des e-Business in Geschäftsbereichen, in denen man es immer mit Menschen zu tun hatte, wird zu einer stillen Rebellion gegen Technik führen. Der Traum der Telekommunikationsbranche, alle Menschen „zu jeder Zeit und an jedem Ort" miteinander zu verbinden, führt ja nicht unbedingt zu einer besseren Lebensqualität. Je mehr Technik wir am Arbeitsplatz haben, desto weniger werden wir zu Hause noch etwas damit zu tun haben wollen. Die populärsten Urlaubsorte im nächsten Jahrzehnt werden garantiert keine Handy-Verbindungen haben." Reisefachleute sagen voraus, dass das Interesse an Fluchtoasen ohne Technik zunehmen wird, weil sie – in den Worten eines Journalisten – „Entgiftungszentren für chronisch Technisierte" sind.

Verweigerung der Technik?

Wäre es nicht ironisch, wenn all die Hotels, Urlaubszentren, Kreuzfahrtschiffe und Ferienveranstalter, die so viel in die neueste Technik investiert haben, nun entdecken müssten, dass sich die Gäste alledem verweigern und viel lieber am Pool liegen?

Dieser „Null-Technik-Trend", wenn es denn einer ist, nährt sich von der Frustration der Technisierten. Die überall piepsenden und klingelnden Handys sind immer mehr Menschen ein Ärgernis. So mancher Restauranteigentümer hat inzwischen genug davon. Ein Restaurant in San Francisco beispielsweise hat Handys völlig verbannt. Auf jedem Tischch steht ein Schild mit einem durchgestrichenem Handy und den Worten: „Bitte keine Handys".

Ob sich diese Bemühungen von Restaurants, Theatern, Konzerthallen und anderen öffentlichen Orten auszahlen, muss sich noch zeigen. Wo Freiwilligkeit nicht greift, hilft eine technische Lösung weiter: der „Handy-Blocker". Er wird auf der Website des Herstellers so beschrieben: „Der Störsender sendet niederfrequente Radiosignale, die die Verbindung zwischen Handy und Sendestation unterbrechen. Der Störeffekt lässt sich digital regeln und auf bestimmte Zonen in Innenräumen begrenzen."

Unser Zukunftsausblick offenbart ein eigenartiges Paradox: Robustere Technik (!!) wird kleiner, billiger und leichter zu benutzen, und zugleich wächst der Unmut der Leute über die Technik. Im Moment sind jedoch die Kräfte, die das Lob der Technik verkünden, noch im Vormarsch, und die Möglichkeiten, jederzeit und überall zu arbeiten, werden sich daher noch erweitern.

C. Arbeitgeber: Downsizing, Squeezing, Globalisierung, höhere Geschwindigkeit

Abgesehen von einem radikalen Markteinbruch (was der Himmel verhüten möge) oder der Möglichkeit, dass überall Isolationisten Präsident, Premier und Kanzler werden (grausamer Gedanke) oder aber einer Rückkehr zur Arbeitspolitik der 8oer (Wunschdenken) gibt es wohl nichts, was den Trend zu einer immer geringeren Personalbesetzung verlangsamen oder gar umkehren könnte – mit einer Ausnahme, mit der wir uns später noch befassen werden.

Das Internet globalisiert die Märkte. Unternehmen schreiben Aufträge immer häufiger im Netz aus, wo Zulieferfirmen aus der ganzen Welt darum konkurrieren; so sind feste Zulieferer immer mehr eine Sache der Vergangenheit. Aktionäre haben sich daran gewöhnt, dass der Wert ihrer Papiere zunimmt, wenn Unternehmen ankündigen, ihren Mitarbeiterstab zu verkleinern. Darüber hinaus führt die Globalisierung zu immer mehr multinationalen Riesenunternehmen – ein Trend, dessen Ende noch nicht abzusehen ist.

Diese Maßstabsvergrößerung bietet Synergieeffekte und andere Vorteile, sagen die Geschäftsführer und Vorstandsvorsitzenden der betreffenden Unternehmen. Aber es schürt auch die nicht unberechtigten Ängste der Arbeitnehmer davor, wegrationalisiert zu werden.

Ich kann nicht sagen, ob dieser Trend gut oder schlecht ist. Mein Interesse gilt den Folgen – den gnadenlosen Rationalisierungen im Namen der Wertsteigerung von Unternehmen. In einem solchen Umfeld haben die meisten Arbeitnehmer kaum einen Hebel, um ihre Interessen durchzusetzen, außer sie arbeiten in einer schnell wachsenden Software-Schmiede oder Bio-Tech-Firma. Das bedeutet, dass die Arbeitnehmer der „Global Players" sehr viel mehr Druck bekommen, „mehr mit weniger" zu leisten, und zugleich weniger Macht haben, ihr Privatleben vor Arbeit zu schützen.

Der künftige Gegendruck der Arbeitnehmer

Und jetzt zur Ausnahme: Der Druck der Arbeitgeber, immer mehr mit immer weniger zu tun, wird auf zunehmenden Gegendruck der Arbeitnehmer stoßen. Dieser ist zwar noch nicht groß und weit verbreitet, aber ich bin davon überzeugt, dass immer weniger Arbeitgeber ihre Mitarbeiter noch weiter „drangsalieren" können wie in den neunziger Jahren.

| Zwei wesent-
| liche Unter-
| schiede

Es gibt zwei wesentliche Unterschiede zwischen einem Start-up-Unternehmen, wo die Mitarbeiter auch mal unter ihrem Schreibtisch schlafen, und einem herkömmlichen Betrieb, der in Konkurrenz zu diesen kleinen, flexiblen, neuen Firmen verzweifelt versucht, seine Kosten noch mehr zu senken und zugleich die Arbeitsleistung zu steigern. Erstens sind das natürlich die Aktienoptionen und anderen Vorteile, die die neuen Firmen ihren Mitarbeitern bieten; da opfern diese schon mal ihr Privatleben in der Hoffnung auf einen Anteil am künftigen Reichtum der Firma.

Der zweite Unterschied sind die Werte und Normen traditioneller Firmen, die den Mitarbeitern immer weniger attraktiv vorkommen. Ist es nicht traurig, wenn das Einzige, was diese Firmen ihren Mitarbeitern bieten, darin besteht, in Freizeitkleidung zur Arbeit zu kommen? Man geht anscheinend davon aus, wenn man die Mitarbeiter vom Krawattenzwang befreit, seien diese ewig dankbar und würden sich sofort mächtig ins Zeug legen. Das ist natürlich Unsinn.

Der Zwang, formale Kleidung zu tragen, ist vielleicht das *am deutlichsten sichtbare* Zeichen althergebrachter Ansichten, aber es ist beileibe nicht das wichtigste. Die kiloschweren Betriebsregeln, die Bürogröße und -ausstattung je nach Rangordnung, die reservierten Parkplätze für Manager und Ähnliches mehr erinnert alle Mitarbeiter ständig daran, wie hier gedacht wird – eine Denkweise, die immer weniger Arbeitnehmer teilen.

Wie das Unternehmensbedürfnis nach hoher Geschwindigkeit die Nutzung mobiler Technik vorantreibt

Die erwähnten Unternehmenstrends und die Technologieentwicklung werden sich auch weiterhin wechselseitig stark beeinflussen. Auf einer internationalen Konferenz zum Thema „mobile Bürotechnik" im Jahr 2000 hörte man folgende Prognose: „Im Jahr 2004 werden 60 Prozent der mobilen Arbeitskräfte gezwungen sein, jederzeit telefonischen Kontakt und stündliche Überprüfung ihres E-Mail-Eingangs gewährleisten zu können." Wenn das zutrifft, wird der Druck auf mobile Arbeitnehmer noch extrem zunehmen, denn die Verfügbarkeit dieser Technik wird die Erwartungen schüren, dass man auf Aufträge und Anfragen noch schneller reagiert. Dies wird zu einem Dauerkonflikt zwischen den Erwartungen der Kunden und Arbeitgeber und den Wünschen dieser Mitarbeiter nach genügend Freizeit führen.

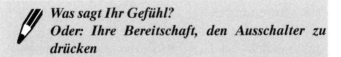 *Was sagt Ihr Gefühl?*
Oder: Ihre Bereitschaft, den Ausschalter zu drücken

Da wir uns mit zukünftigen Möglichkeiten befassen, sollten Sie einmal überlegen, wie sehr Sie an die unten aufgezählten fünf Aussagen glauben.

Schreiben Sie hinter jede Aussage eine dieser Antworten:

A. Mein Kopf sagt „Ja", aber mein Gefühl sagt „Ausgeschlossen."

B. Mein Kopf sagt „Ja", aber mein Gefühl sagt „Ich bin mir nicht sicher."

C. Mein Kopf sagt „Ja", und mein Gefühl auch.

1. Mich selbst für eine Veränderung zu engagieren, ist der erste Schritt zu einer deutlichen Grenze zwischen meinem Berufs- und Privatleben; es ist weder Sache meines Vorgesetzten noch meines Arbeitgebers, diesen Wandel einzuleiten. _____

2. Nur weil die Technik mir erlaubt, fast überall und zu jeder Zeit zu arbeiten, heißt das noch lange nicht, dass ich auch dazu gezwungen bin. _____

3. Ich werde vor allem für meine Kenntnisse und Fähigkeiten bezahlt, und nicht für eine bestimmte Anzahl Arbeitsstunden oder dafür, allzeit verfügbar zu sein. _____

4. Die meisten, wenn nicht gar alle, mit denen ich es zu tun habe, unterstützen mein Bestreben, weniger oft erreichbar und verfügbar zu sein. _____

5. Wie viele E-Mails ich empfange und versende – auch abends oder am Wochenende – ist kein gutes Maß für den Wert meiner Arbeit. _____

Die Auswertung dieser Fragen liegt auf der Hand: Je mehr Fragen Sie mit A oder B beantwortet haben, desto mehr zweifeln Sie daran, ob Sie die gewünschten Änderungen wirklich durchsetzen können. Schauen Sie die Fragen, die Sie mit A und B beantwortet haben, noch einmal durch: Weshalb sagt Ihr Kopf hier „Ja" und Ihr Gefühl das Gegenteil? Zusammen mit Ihrer Reaktion auf die „sechs Punkte" weiter unten kann Ihre Antwort auf diese Frage Ihnen zeigen, wie leicht es für Sie sein wird, eine Grenze zwischen Arbeitszeit und Freizeit zu ziehen.

Sechs Punkte oder wie wahrscheinlich Sie „abschalten" können

Wir wollen dieses Kapitel mit sechs Faktoren beenden, die ziemlich genau darlegen, welche Möglichkeiten ein Arbeitnehmer hat, das Drei-Zonen-Modell zu implementieren. Schreiben Sie hinter jeden Punkt, wie gut er zu Ihrer Situation passt.

Arbeitnehmer (und Unternehmen) werden mehr Erfolg bei der Implementierung des Drei-Zonen-Modells haben, sofern folgende Umstände gegeben sind:

- *Das Geschäft läuft gut.* Das ist nicht erstaunlich; solange das Geschäft gut läuft, sind Arbeitgeber meist zugänglicher und eher geneigt, auf die Wünsche des Personals einzugehen. Das trifft meist auch auf Branchen insgesamt zu, aber wahrscheinlich nicht landesweit.

  Dies beschreibt meine derzeitige Situation (markieren Sie, was zutrifft):

  ❏ sehr gut   ❏ ein wenig   ❏ kaum

- *Ein relativ junges Management.* Auf die Gefahr hin, Manager in meinem Alter (Anfang 50) zu verprellen, muss ich sagen, dass Manager, die auf ihre Pensionierung zugehen, sich mit dem Gleichgewicht zwischen Berufs- und Privatleben wohl eher schwer tun. Wir sind nicht mit der Technik aufgewachsen, die im Leben der jüngeren Generationen von Anfang an eine wichtige Rolle gespielt hat. Wir haben die Trennung zwischen den beiden Bereichen in unserem Leben meistens durch den physischen Abstand zwischen Büro und Haushalt realisiert. Daher ist es in Sachen Grenzziehung sicher ein Plus, für ein relativ junges Management zu arbeiten.

Dies beschreibt meine derzeitige Situation (markieren Sie, was zutrifft):

❏ sehr gut   ❏ ein wenig   ❏ kaum

● *Ihre Fähigkeiten und Kenntnisse sind wertvoll.* Die traditionellen Mechanismen des Arbeitsmarktes, die von Angebot und Nachfrage nach Arbeitskräften bestimmt werden, sind auch durch das Internet nicht außer Kraft gesetzt worden. Zeigen Sie mir jemanden mit gefragten Fähigkeiten, dessen (potentieller) Arbeitgeber ein Bedürfnis an eben diesen Fähigkeiten hat, und ich zeige Ihnen einen Menschen mit hervorragenden Chancen, seine Interessen im Beschäftigungsverhältnis durchzusetzen – egal in welcher Branche er tätig ist.

Dies beschreibt meine derzeitige Situation (markieren Sie, was zutrifft):

❏ sehr gut   ❏ ein wenig   ❏ kaum

● *Sie treffen Vereinbarungen bezüglich des Dienstleistungsniveaus und halten sich daran.* Man hat bedeutend mehr Chancen, mehr „bedingte Dienstzeit" und Freizeit durchzusetzen, wenn man klar und deutlich festlegen kann, inwieweit man in diesen Perioden verfügbar ist, *und* wenn man diese Vereinbarungen erkennbar einhält. Es ist wesentlich schlimmer, in einer vereinbarten Periode nicht erreichbar zu sein, als wenn man es gar nicht von Ihnen erwartet. Wenn Sie eindeutig bewiesen haben (vor allem Ihrem Chef und wichtigen Kollegen und Kunden gegenüber), dass man sich auf Vereinbarungen mit Ihnen verlassen kann, dann können Sie sehr wahrscheinlich auch mehr Freizeit durchsetzen.

Dies beschreibt meine derzeitige Situation (markieren Sie, was zutrifft):

❏ sehr gut   ❏ ein wenig   ❏ kaum

Breitbandiger Zugang zum Netz. Ihnen ist vielleicht aufgefallen, wie nachdrücklich ich auf die Möglichkeiten der Telekommunikation in der Zukunft hingewiesen habe. Ohne die Wunder der Laptops, Handys, PDAs etc. schmälern zu wollen, so sind sie doch alle ziemlich nutzlos, solange Sie keinen Zugang zum Internet und zum Intranet der Firma in einer Bandbreite haben, die in etwa der im Büro entspricht. Man hat nicht die Möglichkeit zu arbeiten, wie gut und wie lange man das will, wenn man nicht überall und jederzeit arbeiten *kann.*

Dies beschreibt meine derzeitige Situation (markieren Sie, was zutrifft):

❏ sehr gut   ❏ ein wenig   ❏ kaum

Gute Präsentations- und Verhandlungsfähigkeiten. Wir haben uns in Kapitel 6 sehr ausführlich damit befasst, wie wichtig ein entspanntes, angenehmes und klares Gespräch mit den betroffenen Personen ist. Die Definition der drei Zonen und was das im Einzelnen bedeutet ist ein Prozess, der fast immer vom Arbeitnehmer angestoßen wird. Wir reden hier also nicht von einer riesigen Präsentation mit Video und Overhead-Projektor, sondern von einer Situation, in der die guten, alten Kommunikationsfähigkeiten gefordert sind, und dabei ist eine gute Dosis Selbstbehauptung, Empathie und Zuhörenkönnen unabdingbar. Hier geht es nicht um High-Tech, sondern um Menschen mit Gefühlen, die mit anderen Menschen sprechen, die ihrerseits Gefühle haben. Ohne solche Fähigkeiten stehen die Chancen nicht sonderlich gut. Dies beschreibt meine derzeitige Situation (markieren Sie, was zutrifft):

❏ sehr gut   ❏ ein wenig   ❏ kaum

Was bringt die Zukunft – und *Ihre* Zukunft?

Obwohl ich Sie gebeten hatte, diese Punkte persönlich zu beantworten, können Sie das auch für ein Unternehmen tun; das gibt Ihnen eine gute Vorstellung davon, wie Erfolg versprechend die Einführung des Drei-Zonen-Modells in der Firma insgesamt ist. Ob Sie die sechs Punkte nun für das Unternehmen oder sich selbst beantwortet haben, werten Sie sie wie folgt aus:

Tragen Sie in die linke Spalte ein, wie oft Sie „sehr gut", „ein wenig" und „kaum" markiert haben und multiplizieren Sie diese Zahl entsprechend:

_____ Mal *sehr gut*   x 5 =___
_____ Mal *ein wenig*   x 2 =___
_____ Mal *kaum*   x 0 =___
(muss 6 ergeben) Gesamtsumme   =___

Liegt die Gesamtsumme bei 20 oder mehr, haben Sie ausgezeichnete Chancen, Ihr Drei-Zonen-Modell durchzusetzen. Liegt sie zwischen 15 und 19, dann stehen Ihre Chancen etwa 50 zu 50. Liegt die Gesamtsumme unter 15, haben Sie wahrscheinlich kaum Einfluss auf den oder die Orte, an denen Sie arbeiten müssen und die Zeiten, in denen Sie das tun.

Bei der Auswertung wurden positive Aussagen höher bewertet als eher neutrale. Das liegt daran, dass man wahrscheinlich nicht viel Aussicht auf Erfolg hat, wenn die genannten Punkte nicht gegeben sind. Es geht hier zwar nicht um Alles-oder-nichts, aber man braucht genügend Kräfte, die für einen arbeiten, wenn man sein Modell durchsetzen will.

Wichtiger als meine Ansichten ist allerdings Ihre Einschätzung. Sehen Sie sich die Punkte an, bei denen Sie eine kleine Zahl eingetragen haben, und fragen Sie sich, wie Sie die Situation zu Ihren Gunsten wenden können. Geht es allerdings nicht um Ihre persönliche, sondern um die Unternehmensauswertung, dann können Sie wahrscheinlich nur sehr wenig tun. Ich möchte hier nicht behaupten, dies sei eine umfassende Zukunftsanalyse, aber ich bin davon überzeugt, dass die Richtung stimmt.

Kapitel 9

Was tun, wenn man es einfach nicht „abschalten" kann?

Sie haben bis hierher gelesen, und es ist Ihnen offensichtlich ernst bei der Erforschung dessen, wie Sie Ihre Zeit nutzen und inwiefern Sie eine bessere Grenze zwischen Berufs- und Privatleben ziehen können. Wenn alles geklappt hat, verfügen Sie inzwischen auch über einen Handlungsplan, haben sich entsprechend Mühe gegeben, ihn in die Tat umzusetzen und die gewünschten Ergebnisse erzielt.

Aber – falls es Ihnen doch nicht gelungen ist ...

Auch wenn Sie Ihr Bestes getan haben, ist es durchaus möglich, dass es Ihnen bisher *nicht* gelungen ist, den gewünschten Wandel in Ihrem Leben herbeizuführen. Vielleicht können Sie die ganze Technik einfach nicht links liegen lassen, oder aber Ihr ganzes Leben dreht sich um E-Mails, Handy-Telefonate und Ähnliches.

Wenn Sie nach wie vor das Gefühl haben, von der Technik verfolgt zu werden, oder Sie haben immer noch zu wenig Zeit für die Erfüllung eigener Bedürfnisse, gibt es dafür drei mögliche Erklärungen:

● *Guter Plan, erfolgreiche Bemühungen, unbefriedigende Resultate.* Sie haben sorgfältig analysiert, wie Sie Ihre Zeit nutzen, und Sie haben Ihre Ziele definiert. Sie haben sorgfältig überlegt, wie Sie am besten mit Ihren Vorge-

| Drei mögliche Erklärungen |

setzten, Kollegen und Kunden sprechen, und es hat geklappt – aber Sie arbeiten immer noch zu viel an Wochenenden, und es fällt Ihnen sehr, sehr schwer, sich von den elektronischen Fesseln zu befreien.

● *Guter Plan, erfolglose Bemühungen, unbefriedigende Resultate.* Sie sind es richtig angegangen – mit einer guten Analyse und den richtigen Zielen –, aber die Durchführung war ein Fehlschlag. Vielleicht erhielten Sie nicht genügend Unterstützung von Ihrem Vorgesetzten und anderen, um den Plan durchzuführen. Möglicherweise haben Sie aber auch nicht genügend Zeit für „bedingte Dienstzeit" und Freizeit reserviert. Oder die Arbeitslast im Unternehmen hat sich drastisch erhöht, und alle arbeiten jetzt fast nonstop.

● *Schlechter Plan, erfolglose Bemühungen, unbefriedigende Resultate.* Dies wäre sicherlich die unangenehmste Variante. Vielleicht war Ihre anfängliche Analyse nicht gründlich genug oder Sie waren nicht ehrlich genug, wie und womit Sie Ihre Zeit verbringen oder wie das Ihre Arbeit und die anderer beeinflusst. Unter solchen Umständen ist es fast unmöglich, einen guten Handlungsplan zu erstellen und befriedigende Ergebnisse zu erzielen.

In solch einer Situation könnten Sie die Schritte aus Kapitel 2 bis 5 wiederholen und insbesondere in Kapitel 5 noch einmal nachsehen, wie Sie Ihr Drei-Zonen-Modell entwickelt haben. Das verhilft Ihnen vielleicht zu ein paar neuen Einsichten in Bezug auf die gewünschten Veränderungen. Es kann aber auch andere Gründe geben, weshalb es Ihnen derzeit nicht möglich ist, sich die Atempausen zu verschaffen, die Sie gern hätten.

Weshalb können Sie nicht „abschalten"?

Auf diese Frage gibt es unendlich viele Antworten. Dennoch möchte ich hier ein paar wahrscheinliche Antworten auflisten:

- Vielleicht steht Ihr *Arbeitgeber* gerade stark unter Konkurrenzdruck oder kurz vor der Einführung eines neuen Produkts, oder er hat ein ernstes Problem im Kundendienst. Sie befinden sich mitten in der „Kampfzone" und haben daher (abgesehen von einer Kündigung) keine Möglichkeiten, daran etwas zu ändern.
- Vielleicht interessiert es Ihren direkten *Vorgesetzten* nicht, welche Probleme Sie in diesem Zusammenhang haben, oder er will Sie nicht unterstützen.
- Vielleicht nehmen Ihre *Kollegen oder Kunden* keinerlei Rücksicht auf Ihren Wunsch nach mehr Freizeit am Abend und am Wochenende. Vielleicht hängen sie auch allzu stark von Ihnen und Ihren Fähigkeiten ab; ein Zustand, den Sie zunächst nicht ändern können.
- Vielleicht verursachen Sie diese Probleme auch *selbst* – oder tragen dazu bei. Liegt es an Ihrem Charakter, Ihrem Engagement für die Arbeit, Ihrer Unsicherheit wegen einer Reorganisation, Ihrem Unwillen, etwas an andere zu delegieren? Ich kann nicht in Ihren Kopf sehen, um diese Fragen zu beantworten – und das ist auch nicht der Zweck dieses Buchs.

Ganz egal, was Sie für die *Ursache* halten, das *Resultat* ist das gleiche: Sie wenden weit mehr Zeit auf, als Sie wollen: für die Beantwortung von Voice-Mails, E-Mails und Anrufen und für Arbeit überhaupt. Vielleicht ist dies kein dauerhafter Zu-

Das Resultat ist gleich.

stand; möglicherweise lässt ja der Druck, der im Moment herrscht, in nicht allzu langer Zeit wieder nach.

Vielleicht findet der Vorgesetzte, der die Verwirklichung Ihres Plans verhindert, in Kürze einen anderen Job. Ich habe im Laufe der letzten Jahre mehrere Leute getroffen, die Headhuntern den Namen Ihres Chefs gegeben haben, woraufhin ihm ein neuer Job angeboten wurde, dem er sich nicht verweigern konnte. Diese Taktik funktioniert vielleicht nicht immer, ist aber durchaus einen Versuch wert, vor allem wenn man seine Arbeit liebt, aber den Vorgesetzten nicht unbedingt.

Was auch immer die Ursache ist, die Folge bleibt: Sie sind schlicht nicht in der Lage, bessere oder andere Grenzen zwischen Arbeit und Freizeit zu ziehen.

Was bedeutet Arbeit für Sie?

Seit frühester Kindheit wird uns die Bedeutung von Arbeit beigebracht und dass wir unsere Verpflichtungen einhalten müssen. Das kann zu unbewussten Impulsen führen, mehr zu arbeiten, als gut für uns ist, und zu einem Schuldgefühl, wenn wir nicht arbeiten.

Es könnte helfen, sich dieser Impulse bewusst zu werden und wie sie Ihre Fähigkeit beeinflussen „abzuschalten." Hier zwei Listen mit Assoziationen zu den Worten „Arbeit" und „Spiel". Lesen Sie beide Listen durch und markieren Sie die Worte, die für Sie viel mit dem jeweiligen Oberbegriff zu tun haben.

Arbeit

Aufgabe	Auftrag
Forderung	Pflicht
Mühe	Mission
Verantwortung	Verwirklichung
Erfüllung	Befriedigung

Erfolg	Erfordernis
Verantwortung	Bürde

Spiel

Amüsement	Ablenkung
Zerstreuung	Freude
Unterhaltung	Spaß
Zeitvertreib	Genuss
Aufregung	Glück
Hobby	Hochgefühl

„Arbeit" ist nicht nur Pflicht und Strafe, und „Spiel" ist nicht immer Spaß und Aufregung – und zu spielen statt zu arbeiten sollte nicht notgedrungen zu Gefühlen der Schuld oder Scham, zu Groll, Enttäuschung, Druck o. Ä. führen.

Nicht aufgeben!

In solch einer Situation haben Sie drei Möglichkeiten, sich etwas mehr „bedingte Dienstzeit" oder Freizeit zu verschaffen:

1. *Warteschleife*. Vielleicht müssen Sie lediglich eine „Auszeit" ins Auge fassen, bevor Sie weiter reichende Entscheidungen fällen. Vielleicht schlagen Sie sich das Ganze aus dem Kopf – für eine Weile; nehmen Sie sich beispielsweise vor, sich in sechs Wochen erneut damit zu befassen; verschieben Sie es keinesfalls auf unbestimmte Zeit. Wenn Ihnen das einleuchtet, nehmen Sie Ihren Terminplaner zur Hand und notieren Sie den Zeitpunkt, an dem Sie das tun werden. Nennen Sie den Punkt „Verabredung mit mir" – es könnte die wichtigste Verabredung des Jahres sein.

> **Hilfe suchen ist keine Schande!**

2. *Suchen Sie Hilfe.* Wenn Sie etwas ändern wollen, Ihr Bestes getan haben und immer noch keine Ergebnisse erzielt haben, dann brauchen Sie vielleicht Hilfe. Es ist keine Schande, um Hilfe zu bitten; alte Gewohnheiten und Verhaltensmuster zu ändern ist kein leichtes Unterfangen.

Zu den Leuten, die Ihnen eventuell helfen können, gehören gute Freunde, Mentoren, Familienmitglieder und Kollegen, aber auch Berater in der Personalabteilung, freiberufliche Ratgeber, Psychologen, Psychiater oder Karriereberater.

Auch das Internet bietet Hilfe, insbesondere für den so genannten Workaholic. Dieser Begriff bezieht sich auf die Sucht nach Arbeit, die häufig kaum etwas damit zu tun hat, was wir in diesem Buch besprochen haben. Dennoch kann Information zu diesem Thema hilfreich sein:*

● Unter der Adresse <http://www.bcnet.de/Sucht/arbeitssucht/> finden Sie ein breites Angebot zum Thema Arbeitssucht.
● Unter der Adresse <http://www.stangl-taller.at/arbeitsblaetter/sucht/Arbeitssucht.html> finden Sie eine sehr klare Darstellung der Symptome, des Verlaufs der Sucht und was dies für Partner und andere Menschen bedeutet.

Obwohl ich Therapeuten als mögliche Ratgeber genannt habe, möchte ich damit nicht suggerieren, Sie seien irgendwie krank, zu schwach oder unfähig, mit

---

* Statt der amerikanischen Adressen habe ich hier deutsche eingefügt – dennoch mag es für manche Leser hilfreich sein, auch die amerikanischen zur Hand zu haben; deshalb habe ich sie hier aufgelistet (Anm. des Übersetzers).
<clubs.yahoo.com/clubs/recoveringworkaholics>
<www.egroups.com/group/worka>
<people.ne.mediaone.net/wa2/index.html>

dem Thema umzugehen. Es bedeutet vielmehr, dass es bisweilen bedeutend komplexer ist, als es scheint, und dass es daher hilfreich sein kann, sich die Meinung von jemandem anzuhören, der sich auf bestimmte Formen der Problemlösung spezialisiert hat. Ein professioneller Berater wird die Sache nicht für Sie „hinbiegen", weil Sie nämlich nicht „verbogen" sind. Er oder sie wird Ihnen lediglich helfen, Ihre gegenwärtige Situation besser zu verstehen und eine Strategie zu entwickeln, wie Sie das in Ihrem Sinne verbessern oder ändern können.

3. *Erkennen Sie Ihre Niederlage an und machen Sie das Beste daraus.* Wenn es Ihnen aus irgendeinem Grund einfach nicht möglich ist, die Arbeit und ihre elektronischen Tentakel abzustreifen – so sei es. Sie haben Ihr Bestes getan, und Sie werden es vielleicht zu einem anderen Zeitpunkt nochmals versuchen, aber im Moment müssen Sie einfach das Beste aus der gegebenen Situation machen.

Lernen, wie man nicht arbeitet

Bevor Sie aufgeben, können Sie noch eine letzte Taktik ausprobieren.

Wir lernen jahrelang, wie wir optimale Arbeit leisten, Fristen einhalten und ganz generell, wie man Ergebnisse produziert. Je mehr einen aber die Arbeit fordert, desto mehr kann einem auch die Fähigkeit abhanden kommen, sich zu entspannen, zu spielen und nichts zu tun; eine Fähigkeit, die wir alle als Kinder noch hatten.

Wenn es Ihnen ernst ist, die Arbeitszeit einzugrenzen, müssen Sie vielleicht erst wieder lernen, *nichts* zu tun – oder wie Sie sich bei Tätigkeiten entspannen, die keine Arbeit sind. Das klingt einfach und logisch, ist aber nicht immer so

> Lernen Sie,
> nichts zu tun!

leicht. Manchmal hilft es, das als wirtschaftliches Problem zu betrachten. Auch wenn es vielleicht verrückt klingt, ist es für den einen oder anderen Geschäftsmann vielleicht die beste Strategie, zu lernen, wie man Pausen einlegt. Dabei könnten Sie so vorgehen:

1. *Planen Sie Ihre Freizeit.* Das Leben vieler Menschen ist von ihrem Terminplan bestimmt; da kann es hilfreich sein, Freizeit als einen Termin zu betrachten, den man einhalten muss. Auch wenn es Ihnen komisch vorkommt: Richten Sie doch mal einen wöchentlichen Freizeitplan ein. Zum Beispiel: Legen Sie jeden Abend eine halbe Stunde fest, in der Sie etwas lesen, das nichts mit dem Beruf zu tun hat, oder in der Sie einem Hobby nachgehen; planen Sie eine Stunde am Wochenende ein, in der Sie Ihren Aufschlag üben etc. Wenn Sie „Spiel" in Ihrem Terminplan aufnehmen, steigern Sie dessen Bedeutung.

2. *Planen Sie „eigene" Projekte.* Vielleicht wollten Sie schon immer Klavier spielen, eine Sprache lernen oder etwas anderes, das ihnen Spaß machen würde, wofür Sie aber keine Zeit haben. Beachten Sie dabei den Rat von Alan Lakein, dem Zeitmanagement-Experten, den wir in Kapitel 4 zitiert haben: Er vertritt die Methode, große Aufgaben in kleine, handliche Stücke aufzuteilen, mit denen man leichter umgehen kann.

Lakein meint, ein Grund, weshalb wir großen Aufgaben aus dem Weg gehen, liegt in der Angst, nicht genügend Zeit dafür zu finden. In der Folge verbringen wir viele 10- oder 20-minütige Zeitblöcke mit weniger wichtigen Aufgaben. Das schenkt uns die Befriedigung, ein oder zwei Dinge zu streichen, die wir noch tun müssen, aber es bringt uns bei den großen Dingen natürlich keinen Schritt weiter.

Er schlägt also vor, aus der großen Aufgabe viele kleine Teilaufgaben zu extrahieren, was den riesigen Berg sehr viel übersichtlicher macht. Wenn Sie 10 Minuten frei haben, benutzen Sie diese für ein kleines Stück der großen Sache, statt etwas weniger Wichtiges zu tun. Am Ende der 10 Minuten sind Sie der Lösung wieder ein Stück näher gekommen.

Statt diese Methode jedoch für Arbeit zu verwenden, können Sie sie auch für Ihr Klavierspiel, eine Fremdsprache oder irgendetwas anderes nutzen, was Ihnen in einem Block viel zu groß wäre. Sie können zwar in 10 Minuten kein Klavierkonzert üben, aber Sie können sicherlich ein paar Takte üben oder Fingerübungen machen. Das nächste Mal, wenn Sie dann 10 oder 20 Minuten frei haben, machen Sie einfach weiter und bauen auf den letzten 10 Minuten auf.

 3. *Der Computer als „Genussmittel".* Wenn Sie einfach nicht ohne Computer sein können, nutzen Sie diesen Antrieb und das Internet doch für Freizeitaktivitäten. (Ich schlage nicht vor, dass Sie das an Ihrem Arbeitsplatz machen, da es Ihrem Arbeitgeber vielleicht nicht gefällt und er Sie entsprechend zur Verantwortung ruft. Auch wenn ich das nicht unbedingt richtig finde, sollte man sich entsprechend verhalten.)

Mal angenommen, Sie sitzen abends oder am Wochenende zu Hause oder in einem Flugzeug und bekommen plötzlich Lust, ein wenig Arbeit auf dem Laptop zu erledigen. Stellen Sie sich nun vor, Sie würden stattdessen Folgendes tun:

- Sie stecken eine CD-ROM in den Schlitz und beschäftigen sich mit der Sprache, die Sie schon immer besser sprechen wollten; Sie planen den Grundriss Ihrer Ferienhütte oder verbessern Ihr Bridge-Spiel oder tun etwas anderes, das Sie schon immer tun wollten.

- Sie besuchen Websites im Internet, die Ihnen bei der Stammbaumforschung helfen, oder eine Homepage, auf der Sie etwas über das Land erfahren, dass Sie besuchen wollen, oder eine Seite mit politischen Analysen oder eine der unzähligen anderen.

- Sie nehmen wieder Kontakt auf zu entfernten Verwandten, einstigen Nachbarn, Studienkollegen oder jemand anderem, der sich über einen Brief von Ihnen freuen würde.

Das waren nur drei der endlosen Möglichkeiten, die Ihnen Ihr Computer für etwas anderes als Arbeit bietet. Es klingt vielleicht komisch, Ihnen diese Strategie zu empfehlen, wenn Sie den Computer im Rahmen Ihrer Arbeitsbegrenzung eigentlich meiden wollten. Aber wenn dies eine Übergangslösung für Sie sein kann, ist es allemal besser, als in der Freizeit am Computer zu *arbeiten*.

Auf der Straße arbeiten – und unterwegs

Wenn Sie resigniert feststellen müssen, dass Sie den Ausschalter einfach nicht finden, tröstet Sie vielleicht die Aussicht, dass die Möglichkeiten, unterwegs arbeiten zu können, immer besser werden.

Egal ob Sie Urlaub machen oder eine Geschäftsreise, Sie haben wahrscheinlich alles dabei, was Sie zur Arbeit brauchen, der Sie nicht entrinnen können. Seit fast zehn Jahren gehört das Telefon an Bord von Flugzeugen zum Standard. Die meisten Flughäfen und Hotels bieten Business-Center mit Kopiergeräten, Computern und Printern etc. Hotels verfügen in der Regel über Zimmer für Geschäftsleute mit zusätzlichen Telefonsteckern, Schreibtischen und immer häufiger einem schnellen Zugang zum Internet.

Aber was, wenn Sie mal an einem Ort sind, der nichts von alledem bietet, und Sie müssen unbedingt arbeiten? Zunächst einmal gibt es fast überall in der Welt inzwischen so genannte „Internet-Cafés", wo man einen Computer mieten und seine E-Mails abfragen kann. Eine Liste (auf Amerikanisch) finden Sie auf meiner Website unter <www.gilgordon.com/telecommuting/mobileaccess.htm>.

Ob gut oder schlecht, die Liste arbeitsfreundlicher Umgebungen wächst ständig. Statt sich Sorgen darüber zu machen, dass es Ihnen nicht gelingt, die Arbeit hinter sich lassen und Ihr Privatleben zu genießen, sehen Sie sich doch mal folgende Liste von Orten an, wo Sie das Leben genießen und trotzdem arbeiten können. Dies ist bei weitem keine vollständige Liste, und ich empfehle diese Produkte, Dienstleistungen oder Firmen auch nicht. Sie sind lediglich ein Beispiel dafür, wie der Markt auf den Wunsch reagiert, Arbeit und Freizeit miteinander zu verbinden.

1. Whistler Mountain, ein populäres Skigebiet im kanadischen British Columbia, bietet ein „Business Communication Center" auf dem Berggipfel. Mehrere Bildschirme zeigen die Börsenkurse weltweit; Computer mit Internet-Zugang stehen bereit, ebenso wie Faxgeräte und ein Konferenzzimmer.

2. Malaysia Airlines bietet in einigen Flugzeugen so genannte Business-Center, komplett ausgestattet mit Multimedia-Computer, Business- und Reiseführern, Drucker, Faxgerät und Satellitenverbindung.

3. Die *Norwegian Sky* lief 1999 vom Stapel und ist das erste Kreuzfahrtschiff mit einem Internet-Café an Bord. Dieses „Büro auf den Wellen" wurde seit Februar 2000 auf allen Schiffen der Reederei installiert. Die Internet-Cafés an Bord sind rund um die Uhr geöffnet. Und die Konkurrenz schläft natürlich nicht: Royal Carri-

bean International rühmen sich, die „@Sea Revolution" zu sein, mit der „größten digitalen Kreuzfahrtflotte der Welt".

4. Kreuzfahrten sind vielleicht nicht Ihr Ding, aber wenn Sie sich im Swimmingpool treiben lassen oder an Bord Ihres Schiffs ein paar Notizen zu Ihrem großen Projekt machen wollen, brauchen Sie nur nach dem neuen, wassergeschützten Notebook von Levenger zu greifen: „Unser neues Circa H_2O Notebook gestattet Ihnen, an jedem gewünschten Ort zu arbeiten: Feldstudien bei Schlechtwetter, während der Bootsfahrt, beim Skifahren, bei der Vogelbeobachtung und im Garten. Die synthetische Abdeckung schützt Ihre Geistesblitze, und 50 Seiten plastik-versiegeltes Papier bewahren Ihre Gedanken."

5. Statt sich erst nach einem Ort umzusehen, an dem Sie Ihre Büroarbeit erledigen können, warum nicht einfach das Büro mitnehmen? Verschiedene Hersteller rüsten Ihren Wagen oder Kleinbus in ein fahrendes Büro um, z. B. mit folgender Ausstattung:
   - Ladestationen für Handys
   - Ladedock für Laptops
   - Kombigerät aus Fax, Kopierer, Drucker und Modem
   - Satellitenschüssel
   - globales Ortungs- und Navigationsgerät
   - Farbbildschirm
   - Videorekorder
   - CD-Player mit Disc-Wechsler
   - Stereoradio und Audiokassettenrekorder
   - Surround-Sound-Lautsprechersystem
   - Kühlschrank
   - Mikrowelle

6. Und nicht zuletzt können Sie sogar beim Fitness-Training arbeiten. Netpuls Communications Inc. „verwandelt Fitness-Räder, Stepper und andere Trainings-

geräte mit einem dünnen, Flachbildschirm und einem breitbandigen Internet-Zugang zu einem Allzweckwerkzeug und bietet Ihnen so ein ganz neues Fitness-Training: den Internet-Powered Workout."

Heißt das, dass Ihr Herz schneller schlägt, wenn Sie die Börsenkurse aus dem Netz fischen? Radeln Sie vor Ärger schneller, wenn Sie die E-Mails Ihres Chefs lesen? Vielleicht ergeben sich ganz neue Stressfaktoren, wenn wir gleichzeitig Körper und Geist belasten.

Und jetzt – Ihre Zukunft

Sie sind vielleicht zu dem Schluss gekommen, dass solche Kreuzfahrten, Skiurlaube oder Fitness-Training nicht die beste Art sind, Ihren Job zu machen. Oder aber Sie meinen nach den letzten paar Seiten, dass das genau Ihr Ding ist und dass Sie Ihr Berufs- und Privatleben so miteinander verzahnen möchten. Wie dem auch sei, wir sind nun fast am Ende unserer Erforschung, warum und wie Sie „abschalten" können, und Sie haben inzwischen das Rüstzeug zur Verfügung, neue Grenzen zwischen die beiden Lebensbereiche Arbeit und Freizeit zu ziehen.

Kapitel 1 begann mit folgendem Absatz:

Niemand wacht eines Tages auf und sagt sich: „Ich brauche eigentlich keine Freizeit oder dienstfreie Wochenenden, ich kann meine SMS-Nachrichten auch beim Abendessen mit meiner Familie beantworten, und den Laptop nehme ich mit in den Urlaub." Unsere Arbeit schleicht sich vielmehr leise, still und heimlich in unsere Freizeit ein. Und wir unterstützen diesen Prozess ungewollt und verlängern den Arbeitstag und unsere Wochenarbeitszeit immer mehr.

Dieser Absatz impliziert, dass sich viele von uns – vielleicht unvermeidlich – falsche Prioritäten gesetzt haben.

Egal wie wir unsere vielen Arbeitsstunden rechtfertigen, das Ergebnis ist immer das Gleiche: Je mehr wir arbeiten, desto weniger Zeit haben wir für die anderen Dinge des Lebens. Ich beende mein Buch mit der folgenden Geschichte, die dieses Thema auf den Punkt bringt:

| Eine Geschichte | Eines Tages sprach ein Zeitmanagement-Experte mit einer Gruppe Wirtschaftsstudenten und veranschaulichte die wesentlichen Punkte auf eine Weise, die keiner von ihnen jemals vergessen wird. Er stand vor einer Gruppe hoch motivierter junger Leute und meinte: „Okay, jetzt ein Quiz." Er stellte ein 5-Liter-Gefäß auf den Tisch vor sich und legte sorgfältig nacheinander faustgroße Steine hinein, bis es keine weiteren Steine mehr fasste. Er fragte: „Ist das Gefäß jetzt voll?"

Alle Leute in der Gruppe meinten: „Ja."

Dann sagte er: „Ach, wirklich?", griff unter den Tisch und holte einen Eimer mit Kieselsteinen hervor. Er schüttete sie auf die großen Steine und schüttelte das Gefäß, bis der Freiraum zwischen den Steinen mit Kieseln gefüllt war. Als keine Kiesel mehr reinpassten, fragte er die Gruppe erneut: „Ist das Gefäß jetzt voll?"

Jetzt wusste die Klasse Bescheid, und einer antwortete: „Wahrscheinlich nicht."

„Gut!", antwortete er, holte einen Eimer Sand unter dem Pult hervor und schüttete ihn in die Zwischenräume zwischen Kieseln und Steinen. Und wieder stellte er die Frage: „Ist das Gefäß jetzt voll?"

„Nein!" klang es aus der Klasse.

Wieder antwortete er: „Gut!" holte ein Wassergefäß hervor und füllte damit das Gefäß bis zum Rand. Dann schaute er die Gruppe an und fragte: „Was zeigt uns dieses Beispiel?"

Ein strebsamer junger Mann hob die Hand und meinte: „Ganz egal, wie voll der Terminplan ist, man kann immer noch das eine oder andere eintragen, wenn man wirklich sucht."

„Nein", antwortete der Experte, „darum geht es keineswegs. Dieses Beispiel zeigt uns vor allem: Wenn man nicht zuerst die großen Brocken hineinlegt, kriegt man sie nicht mehr unter."

Was sind die „großen Brocken" in Ihrem Leben? Ihre Kinder? Ihre Familie? Ihre Bildung? Ihre Träume? Eine gute Sache? Andere zu unterweisen? Die Dinge zu tun, die Ihnen gefallen? Zeit für sich selbst? Ihre Gesundheit? Ihr Partner?

 Denken Sie immer daran, die *großen Brocken* zuerst hineinzulegen. Wenn Sie sich erst um die kleinen Dinge kümmern (die Kiesel, den Sand und das Wasser), füllen Sie Ihr Leben mit Kleinkram, auf den es eigentlich gar nicht ankommt, und Sie haben nie richtig Zeit für die wichtigen Dinge – die großen Brocken.

Wenn Sie also heute Abend oder morgen über diese kleine Geschichte nachdenken, fragen Sie sich: Was sind die „großen Brocken" bei mir? Und tun Sie die als erste in das Gefäß.

Meine „großen Brocken" sind meine Gesundheit, meine Familie, die Befriedigung und der Spaß an meiner Arbeit und meine Zeit in der Wildnis. Ich habe versucht, sie als Erstes ins Gefäß zu legen, und es ging leichter, als ich vermutet hatte. Dieses Buch zu schreiben hat mich an diese Prioritäten erinnert und daran, mein Leben danach auszurichten. Ich hoffe, dass es auch Ihnen dazu verhilft.

Stichwortverzeichnis